나는 상처받지 않습니다

Original title:

So bin ich unverwundbar: Sechs Strategien,
souverän mit Ärger und Kritik umzugehen
by Barbara Berckhan

무례한 사람의 공격을 무력화시키는 여섯 가지 방법

나는 상처받지 않습니다

바바라 베르크한 지음 ─ 유영미 옮김

🌱 나무생각

나를 단단하게 지켜내는 법

상처받지 않으려면 어떻게 해야 할까? 이 주제에 처음 관심을 가지게 된 것은 내가 진행하는 의사소통 훈련에 참가했던 여류 예술가 덕분이었다. 살아가다 보면 우리를 힘들게 하는 주변 사람은 반드시 나타나는 법이다. 우리는 당시 의사소통 훈련을 통해 이들을 적절히 대하는 방법을 연습하고자 했다. 그 여류 예술가는 조각과 콜라주 작업을 주로 하는 사람이었는데, 창작 활동으로 꽤 안정적인 생계를 꾸리고 있었다. 하지만 고민거리가 있다고 했다. 그녀는 자신이 무척 예민한 사람이라고 말했다.

"난 정말 예민 그 자체예요. 전시회에 온 손님이 내 작품을 보다가 얼굴만 한 번 찡그려도 상처를 받아요. 모든 걸 개인적으로 받아들이지요. 그러지 말아야 한다는 걸 알면서도요. 조금만 싫은 소리를 들어도 하루 종일 마음을 잡지 못해요. 그런 상태에서 자동차 시동이 안 걸리거나, 안경이 안 보이는 등, 작은 문제만 발생해도 거의 정신을 잃을 지경이 돼요. 분이 치밀어 올라 미친 듯이 화를 내다가 결국은 엉엉 울어버려요. 그러면 한참 동안 아무것도 할 수 없는 상태가 돼요. 아, 정말 무신경할 수 있으면 좋겠어요. 둔감한 사람이 될 수 없을까요?"

마지막 말을 듣자 내 머릿속에서 반짝하고 불이 켜지는 기분이었다. 나는 그녀에게 물었다.

"둔감해지면 뭐가 좋을까요? 뭐가 달라질 것 같아요?"

그러자 그녀는 잠시 생각하더니 이렇게 말했다.

"음… 그러면 쉽게 상처받지 않을 것 같아요."

상처받지 않는다? 그게 구체적으로 무슨 말일까? 뜨거운 국에 손가락을 넣고 휘젓고 싶다는 소리일까? 냉혈한이나 목석 같은 사람이 되고 싶다는 이야기일까?

"상처받지 않는다는 게 과연 뭘까요?"

내가 다시 물었다. 그러자 그녀는 이렇게 대답했다.

"사람들의 반응에 힘들어하지 않는 거 아닐까요? 내게 보호막이 있으

지적을 받거나 거절당하는 것이 유독 힘들게 다가오는가? 그렇다면 약간 둔감해질 필요가 있다.

면 좋겠어요. 강하고 멋진 사람이 되고 싶어요."

상처받지 않고 멋지게 살고 싶다라… 나는 이해한다는 표정으로 고개를 끄덕였다. 그녀는 웃으며 말했다.

"용의 피로 목욕이라도 하고 싶어요."(용의 피로 목욕하면 상처를 입지 않는 능력을 지니게 된다는 서양 전설이 있다.─옮긴이)

당시 나는 용의 피에 목욕을 할 필요까지는 없을 거라고 생각했다. 이 일이 있은 뒤 나는 사람들이 무엇 때문에 상처를 받는지, 어떻게 하면 상처를 받지 않을지 살펴보기 시작했다. 나 자신과 타인의 민감성에 대해 많은 생각을 해보았고, 평온한 일상을 망치지 않는 훈련과 기술을 개발하기에 이르렀다.

스스로 민감하다고 여기는 사람은 정신적 저항력을 길러야 한다. 저항력을 길러두면 웬만한 것에 상처받지 않는다. 예민한 성격은 우리를 상처받기 쉽게 만들기도 하지만, 섬세하고 창조적으로 살아갈 수 있도록 도와주기도 한다.

사실 정도는 달라도 모든 사람 속에 이런 민감한 부분이 있다. 이런 부분은 민감함과 동시에 감수성이 뛰어나다. 이를 보호하고, 이 양면적인 소질이 약점이 아니라 강점으로 작용할 수

> 상처받지 않는다는 것은
> 자기 마음속의 소중한 부분을
> 보호한다는 것이다.

> 우리 속에는 여리고 민감한 중심이 있다.
> 이 부분은 굉장히 창조적이고
> 감수성이 풍부하다.

있도록 훈련하면 좋을 것이다.

　이 책에는 상처받지 않도록 정신적 저항력을 기르기 위한 모든 방법을 결집해놓았다. 나는 그간 세미나를 하면서 참가자들의 이야기와 질문, 깨달음들을 기록해왔다. 나와 함께 해준 모든 사람들에게 심심한 감사를 표하고 싶다. 그들은 자신들에게 필요한 것을 알려주었고, 내가 제시한 방법 중 어떤 것들이 유용하고, 어떤 것들이 쓸데없는지를 알려주었다. 그리고 일상 속에서 내가 소개한 방법들을 적용해주었다. 그러므로 여기 제시한 방법들은 엄격한 시험을 거친 것들이다.

　독자들에게 이 책을 레시피 북처럼 활용하라고 권하고 싶다. 일단 이 책에 소개된 기본적인 생각들을 공유하고, 이 책에 실린 훈련 방법과 조언 중 자신에게 맞겠다 싶은 것들을 적용해보기 바란다. 이 책의 모든 제안과 방법은 사적 영역, 직업적 영역에서 두루 통하는 것들이다. 훈련을 할 때 내가 제안한 그대로 적용하지 않아도 된다. 자신의 성격과 환경에 맞게 얼마든지 변형시키고 응용하길 바란다. 그러다 보면 상처받지 않는 것으로 그치지 않고, 이런 태도로 살아가는 것 자체가 즐겁고 행복해질 것이다.

차례

1장
스스로를 깎아내리는 당신,
자존감을 먼저 끌어올려라

2장
매번 휘둘리고 소란스럽다면
둔감력을 길러라

3장

분노가 끓어오를 때
평정함을 선택하라

4장

부당한 비난에 상처받지 않도록
자신의 왕국을 지켜라

5장
악의 소굴에서도
품위와 존엄을 추구하라

6장
무례한 말에 상처받지 않도록
공격을 무력화시켜라

맺음말을
대신하여

이제 당신의 별을 따라

1장

당신은 소중한 존재다.
스스로 소중한 존재라는 느낌을
잃어버리지 않도록
내면의 비판자를 길들여라!

스스로를 깎아내리는 당신,
자존감을 먼저 끌어올려라

자기 의심을
멈춰야 할 때

"당신은 이 세상에 하나뿐인 소중한 사람이에요. 당신은 돈으로 살 수 없는 고귀한 보석이며, 어떤 실수를 하든 이 사실은 변치 않아요. 아무것도 당신의 가치를 떨어뜨릴 수 없어요. 그건 영원한 거예요."

나는 율리아를 쳐다보며 말했다. 그러자 율리아는 고개를 저었다.

"아니에요. 난 모자라고 실수투성이예요. 보석이라는 단어와는 전혀 어울리지 않아요."

율리아는 앞으로 있을 상사와의 연봉 협상을 준비하고 싶다며 나의 협상 트레이닝 세미나에 등록했다. 그러나 율리아의 문제는 화술이 부족한 것이 아니었다. 그녀는 협상을 어떻게 진행시키고, 어떤 논지를 제시해야 할지 분명히 알고 있었다. 하지만 어찌 된 일인지 실전 협상 훈련에 들어가자마자 곧바로 주눅이 들어버렸다. 자신이 하는 말을 스스로 믿지 않는 것 같았다. 이것은 내적으로 자신감이 없는 사람들의 특징이다. 협상 테이블에 앉은 상사는 아주 쉽게 그녀의 논지를 깔아 뭉갤 수 있을 것이다.

실전 훈련에서 상사 역할을 맡은 사람이 율리아를 날카롭게 쳐다보며 "최근 당신의 실적은 그리 좋지 않았어요."라고 말하자 율리아는 크게 당황했고 거의 기어들어가는 목소리로 "음… 그렇지 않아요."라고 했다. 그러자 가상의 상사는 한술 더 떴다.

"사실 우리 회사만큼 자기계발 기회를 많이 제공하는 회사가 어디 있어요? 당신도 이런 점에 감사하고 있을 거예요. 그런데 지금 이 자리에서는 너무 돈만 생각하는 것 같군요. 솔직히 실망스러워요."

이 말을 들은 율리아는 곧 울음을 터뜨릴 것 같은 표정으로 아무 말도 하지 못했고, 역할 훈련은 중단되고 말았다.

"그 말이 사실처럼 느껴졌어요. 받아칠 말이 없었어요. 나는 얼마든지 대체 가능한 직원인데 연봉을 올려달라고 하다니, 정말 뻔뻔하게 돈만 밝히는구나 하는 생각이 들었어요."

나는 상사 역할을 맡은 참가자에게 상사로서 율리아에게 어떤 인상을 받았는지를 물었다. 그러자 그는 이렇게 대답했다.

"상사로서 나는 그녀가 엄청 유능하고 회사에 도움이 되는 직원이라는 걸 알고 있어요. 하지만 연봉을 올리고 싶으면 나랑 씨름을 해야죠. 율리아는 자신감이 없어 보여요. 나는 율리아의 전반적인 태도에서 그녀를 쉽게 압박할 수 있음을 알았어요. 전혀 강단이 없어요."

스스로 무가치하다고 느끼는 사람들은 다른 사람들이 자신을 무시하고, 배신하고, 짓밟아버릴 거라는 '기대' 가운데 살아갈 때가 많다. 그리하여 쉽게 희생자가 된다. 최악의 것을 상정하는 가운데 정말로 그런 일들을 불러들일 뿐 아니라 그런 일들이 현실이 되게 한다.

_버지니아 사티어 Virginia Satir

실제로 율리아는 수년 전부터 사장의 오른팔 역할을 해왔다. 단순한 비서로 시작해 시간이 지나면서 점점 경영상 비중 있는 일을 담당하기 시작했다. 고객 상담도 하고, 회의 준비도 하고, 판매 데이터도 정리하고, 인사도 함께 조율했다. 단순 비서 업무를 위해서는 오래전에 다른 여직원을 고용한 상태였

> 어떻게 상처받지 않을 수 있을까?
> 우선 자기 의심을 멈추고
> 모든 형태의 자기 비하를 끝내야 한다.

다. 그러나 율리아는 여전히 비서 월급을 받고 있었고, 누가 봐도 그것은 문제가 있기에 연봉 협상에 임하려고 했던 것이다. 하지만 율리아는 자존감이 부족했다. 지금까지 어떤 성과를 올렸고, 어떤 일을 해냈는지 분명히 이야기할 필요가 있을 때마다 내면의 목소리가 딴지를 걸었다.

자기 의심이 올라왔고 잔뜩 위축되었다. 이런 상황에서 상대편은 쉽게 그녀를 불안하게 만들 수 있다. 스스로를 나쁘게 생각하는 것은 무의식적으로 타인도 자신을 나쁘게 대하게끔 초대하는 것과 마찬가지다. 그러므로 상처받지 않기 위해서는 이런 내적인 자기 비하를 발견하고 중단하는 것이 중요하다.

왜 자신을 스스로 상처 입히는가

자기 비하는 아침에 일어나 맨 처음 거울을 볼 때부터 시작된다. 거울에 비친 자기 모습을 보고 "으으으으!"라고 신음을 하는 사람들이 많다. '으으으으'라니? 세상에 하나뿐인 소중한 존재에게 그렇게 인사를 하나? 그렇지 않을 것이다. 대개는 곰팡이 핀 소시지 따위를 보고 그런 반응을 보인다.

자신을 향한 이런 무례함에 더하여, 거의 무의식적인 낮은 탄식과 경멸이 매일 아침, 매 순간 끼어든다. 그런 식으로 우리는 일상적으로 마음의 소중한 부분에 스스로 상처를 입히는 것이다.

> 우리는 자기 자신을 비하하고, 비방하는 생각들로 스스로를 상처 입히고 있다.

당신이 누구인지, 무엇을 했는지에
관계없이, 어떤 이유로든
스스로를 공격할 필요는 없다.

대부분의 사람들은 자신이 생각으로 자기 자신을 공격하고 있음을 깨닫지 못한다. 여기 자기 비하의 여러 형식들을 한번 제시해보겠다.

- "이런 멍청이!", "에휴, 바보 천치가 따로 없다.", "으, 정말 어리석어."와 같은 말들로 스스로를 비방한다.
- 스스로가 보기 흉하다고 생각하며, 신체의 일부분이 너무 뚱뚱하거나 너무 말랐거나, 아무튼 잘못되었다고 여긴다.
- 스스로를 머리 나쁘고, 둔하고, 재능이 없다고 생각한다.
- "넌 절대로 못해.", "안 될걸?", "실패할 게 뻔해."라는 생각으로 스스로를 의기소침하게 만든다.
- 자신에게 이런저런 부정적인 면들이 있음을 자꾸만 상기한다. "난 정말 재미없는 인간이야." "아, 난 조급하고 말이 많아." "난 천성적으로 조울증이 있어."
- 스스로를 탓하고 비난하고 자책한다. "누가 내게 그런 친절을 베풀겠어." "엄마로서 난 빵점이야." "이런 실수는 절대 만회할 수 없을 거야." "난 이런 대접도 황송한 사람이야."

이런 식의 부정적인 생각들이 끼어들기 시작하면 내적으로 불안해지고 자신 없어지는 것은 시간문제다. 자신감 있게 보이려고 애써 노력해도, 마음속의 자기 의심이 어쩔 수 없이 드러난다. 우리와 이야기하거나 협상을 하거나 토론하는 모든 이들은 무의식중에 우리가 얼마나

> 자기 의심은 상대방으로 하여금 우리를 쉽게 휘두르게 한다.

불안하고 자신이 없는지를 빠르게 감지한다. 모든 일이 잘될 때는 우리의 자신감 부족이 별로 표시가 나지 않는다. 하지만 의견이 충돌하거나 협상이 어려워지면 사정이 달라진다. 이제 우리가 내적으로 얼마나 안정감이 없는지가 드러나고 상대방은 우리를 쉽게 휘두를 수 있게 된다. 우리는 보이지 않는 적으로 인해 약해져 있는 것이다. 바로 우리 머릿속에 자리 잡고 앉아 있는 적이다.

내면의 비판자를 발견하라

　　자기 비하를 끝낼 수 있는 간단한 방법이 있다. 자신을 끌어내리는 내적인 힘을 알면 이 힘을 적절히 제어할 수 있다. 스스로를 비하하는 생각들을 자신의 인격의 일부로 파악하면 제어가 훨씬 쉬워진다.

　　당신의 내면에서 자꾸 비판하고 다그치는 인격적 부분을 '내면의 비판자'라고 부르자. 당신의 내면에 비판자가 있는 것은 전혀 이상한 일이 아니다. 내면의 비판자가 여성적인 목소리를 내는지, 남성적인 목소리를 내는지도 중요하지 않다. 중요한 것은 내면의 비판자가 온종일 당신에게 무슨 이야기를 하는가다.

내면의 비판자는 당신을 끊임없이 주시한다. 그러나 내면의 비판자를 발견하는 건 쉽지 않다. 그

가 "안녕, 난 네 비판자야. 네가 얼마나 멍청이인지 이야기해줄게."라고 공개 선언을 하는 것이 아니기 때문이다. 그렇게 공개적으로 말하면 우리는 곧장 알아채고 "입 닥쳐!"라고 말할 수 있을 것이다. 그러나 내면의 비판자는 대부분 은밀히 작업을 하기에 그의 이야기는 객관적인 진실이나 이성적 사실쯤으로 들린다. 그래서 보통은 그것이 내면의 비판자가 하는 말임을 깨닫지 못한다.

바지를 입고 아래를 내려다보는 순간, "아, 최근에 배가 더 나왔군. 아주 불룩하네."라는 생각이 스쳤다고 하자. 그것은 내면의 비판자의 말일까, 아니면 그냥 객관적인 확인에 불과한 것일까? 이를 감별하려면 이런 생각이 든 뒤에 자신이 어떤 기분이 되는지를 살펴보면 된다. 아무렇지도 않게 평온한 기분으로 신발을 신고 집을 나선다면 그건 내면의 비판자의 지적이 아니다. 그러나 그런 생각을 하자마자 절망적인 기분이 되어 '아, 어쩌지? 단식이라도 해야 하나?', '급한데 그냥 지방 흡입이라도 해버릴까?' 하는 생각을 굴리고 있다면, 그 말을 한 건 내면의 비판자가 분명하다.

내면의 비판자가 우리를 궁지로 몰아가면, 우리는 슬프고

절망스러운 기분이 되고, 조바심이 생긴다. 무엇보다 우리의
자존감이 바닥으로 떨어지기에 다른 사람들도 부지불식중에
그걸 눈치챈다.

내면의 비판자는 특정한 방식으로 우리와 이야기를 한다. 그의 말은
마치 하늘의 소리처럼 들린다. 십계명이라도 되는 듯 절대적인 진실로
다가온다. 내면의 비판자는 아주 현명한 척하기 때문에 제어하기가 쉽
지 않다.

_할 & 시드라 스톤Hal & Sidra Stone

내면의 비판자가 꽤나 비중 있는 존재인 건 맞지만, 사실 그
는 당신의 일부분에 불과하다. 결정권을 가진 건 당신 자신임
을 명심해야 한다. 당신의 머릿속에서 무슨 일이 일어날지를
결정하는 건 당신 자신이다.

내면의 비판자가 활동하고 있음을 감지했다면 벌써 반은
이기고 들어간 것이다. 그를 발견하고 싶은가? 약간의 주의력
만 발휘하면 된다. 일상생활 가운데 자신의 머릿속에서 무슨
생각이 출몰하는지 관찰해보자. 특히 당신이 약간 특별한 일
을 하려 하거나, 위험을 무릅쓰고자 할 때 내면의 비판자가 끼

어들기 십상이다. 뭔가를 배우려고 할 때, 생일을 맞아 인사말을 해야 할 때, 인터뷰나 조심스런 대화를 해야 할 때 등등.

그런 일이 다가올 즈음 머릿속에 어떤 생각이 지나가는지 주의를 기울여보자. 두려움을 일깨우는 생각인가? 아니면 의기소침하게 만드는 생각인가? 그것이 바로 내면의 비판자의 활동이다. 어떤 비판자는 온종일 쉴 새 없이 나불거리고, 어떤 비판자는 밤에 잠자리에 눕자마자 말을 걸어와 잠을 설치게 만든다.

내면의 비판자의 모토는 이것이다.

"넌 문제가 있어. 좋지 않아. 좀 잘해 보라고."

하지만 사실 우리가 별 문제가 없는 상태라면 어떻게 할까? 내면의 비판자를 쉽게 발견하도록 여기 그의 중요한 활동들을 소개하겠다.

내면의 비판자는…

- **우리를 나무라고, 모욕적인 호칭으로 불러댄다**(바보, 멍청이).
- **다른 사람과 비교하며 스스**

로를 깎아내린다.

- 우리의 처신이 옳지 않다며 거듭 실수를 지적한다.
- 오래전의 창피하고 수치스러웠던 기억을 자꾸 되살린다.
- (배우자, 연인, 친구, 자녀로서) 제 역할을 하고 있지 않다며 죄책감을 불러일으킨다.
- 상황이 어떻게 잘못될 수 있는지를 그려 보이면서 겁을 주고 낙담하게 만든다.
- 못생겼다거나 뚱뚱하다고, 혹은 다른 신체적 결점을 지적하며 우리를 판단하고 평가한다.
- 밤에 자려고 하는데 흔들어 깨워 실수들을 상기시킨다.
- 의욕과 자존감을 떨어뜨린다.

이런 리스트를 보면 내면의 비판자가 정말 탁월한 방해꾼임을 알 수 있다. 아주 능력자다. 의욕이 떨어지고, 도통 에너지가 나지 않고, 아침에 일어날 힘이 없고, 모든 것이 회색빛으로 보일 때 그 이유가 무엇이라고 생각하는가? 이 망할 놈의 날씨 혹은 정치 때문에? 그렇지 않다. 여기에 내면의 비판자가 도사리고 있는 것이다. 그가 당신에게 뭐라고 속삭이는지 귀 기울여 들어보길 바란다.

목표를 이루거나 평생의 꿈을 드디어 실행에 옮기려 할 때,

내면의 비판자가 끼어들지 않도록 조심해야 한다. 얼마나 많은 계획, 아이디어, 꿈들이 내면의 비판자의 공격으로 수포로 돌아갔던가.

당신이 커다란 꿈 혹은 깊은 소망을 품을 때는 생명력이 솟아난다. 새로운 연안으로 나아가고자 하는 힘이다. 놀라운 일이다. 그러나 그럴 때 "어차피 안 돼.", "나이가 너무 많아.", "내겐 어울리지 않는 일이야." 하는 생각들이 끼어든다. 이렇게 체념하게 만드는 것이 내면의 비판자의 특기다. 잠시 생각해보자. 내면의 비판자가 이런 식으로 끼어들지 않으면 어떻게 될까?

내면의 비판자는
언제 탄생하는가

내면의 비판자에 어떻게 대처해야 하는지를 묻기 전에 일단 그를 약간 변호하고 싶다. 지금까지의 내용으로 미루어 독자들은 내면의 비판자를 우리 안의 끔찍하고 악한 부분으로 여길지도 모르겠다. 하지만 그렇지 않다. 사실 내면의 비판자는 상처받기 쉽고 약한 존재다. 늘 나쁜 말을 하는 것 같지만, 원래부터 나쁜 존재는 아니다. 할 줄 아는 게 비판밖에 없을 따름이다. 내면의 비판자는 특정한 의도를 가지고 있다. 그 의도는 이것이다.

"네가 다른 사람들에게 비판받는 것보다는 내가 비판하는 것이 더 나아."

"큰코다치기 전에 내가 너를 막아주는 편이 낫지."

그리하여 그는 미리감치 우리의 실수와 잘못에 주의를 환기시키려 한다. 이상하게 들릴지 모르지만, 그의 목표는 우리가 다른 사람에게 상처받지 않도록 보호하는 것이다. 그는 우리가 주변 사람들 앞에서 좋은 모습을 보여주기를 원한다. 그러기 위해 우리를 비판한다.

내면의 비판자를 알게 되면, 당신은 이런 내면의 음성이 우리가 상식적인 사람이 되고, 다른 사람에게 거슬리는 행동을 하지 않도록 무진 애를 쓰고 있음을 발견하게 될 것이다. 내면의 비판자는 주변에 맞추어 살고자 하는 음성이다. 그의 최대의 걱정은 우리가 외톨이가 되어 혼자 힘으로 힘들게 살아가는 처지가 되면 어쩌나 하는 것이다.

....

꾸지람을 당하거나 비난을 받으면 힘들고 창피하므로, 우리는 부모님, 종교, 혹은 유년기에 우리에게 중요했던 사람들의 생각을 재현하는 목소리를 개발했다. 말 그대로 '자아'를 개발한 것이다. 내면의 비판자는 부모님이나 다른 누군가가 우리를 꾸짖기 전에 미리감치 우리를 비판하고 나서는 우리 인격의 일부분이다.

_할 & 시드라 스톤

....

스스로에 대한 높은 요구,
완벽해지고자 하는 소망은
내면의 비판자에게 더 많은
공격거리들을 제공한다.

내면의 비판자는 유년기에 탄생한다. 어린아이는 본능적으로 어른의 도움 없이는 자신이 살아남지 못하리라는 걸 안다. 그렇게 적응하는 법을 배운다. 우선은 엄마와 아빠에게, 나중에는 유치원과 학교에 적응하면서 어른들이 하는 말과 규칙들을 받아들인다. 그러므로 내면의 비판자가 종종 자신의 엄마와 똑같은 음성으로 이야기하는 것은 놀랄 일이 아니다. 아빠처럼 엄격하고 차갑게 이야기하기도 한다. 내면의 비판자는 좋은 본보기들을 가지고 있는 것이다.

내면의 비판자는 이들 본보기들로부터 어떤 식의 비판이 가장 큰 효과가 있는지를 배웠다. 나중에 우리가 다 자란 뒤에도 내면의 비판자는 주변으로부터 두루두루 학습을 한다. 그래서 정말로 모든 이상과 규범을 우리에게 들이댄다. 커리어의 목표, 라이프스타일, 피트니스, 페미니즘, 영성과 관련한 목표, 채식주의, 환경 친화적인 삶…. 내면의 비판자는 당신이 바람직하게 여기는 모든 것을 비판의 잣대로 삼는다. 그래서 당신이 뭔가를 그르칠 때마다 새롭게 공격하고, 당신이 더 높은 요구에 부응하려 노력하면, 내면의 비판자도 좀 더 엄격한 잣대를 들이댄다.

명확한 경계를
설정하라

내면의 비판자에 대처하고자 할 때 굳이 그를 몰아내거나 없애버릴 필요는 없다. 그는 일종의 학습된 개념이므로 명확한 경계를 설정해주고, 의견 표명을 할 수 있는 '메시지 송출 시간'을 정해주면 된다.

심리학적으로 표현하자면, 내면의 비판자를 '자아'와 동일시하는 한 그 힘은 막강하다. 그러므로 내면의 비판자를 제한하기 위해서는 우선 그와의 동일시를 중단해야 한다. 내면의 비판자를 적극적으로 의식하면 그런 동일시를 끊을 수 있다. 내면의 비판자는 우리 인격의 일부분이지, 우리의 전인격이 아니다. 이제 우리 스스로가 지휘권(주도권)을 넘겨받아야 한다.

> 우울하거나, 걱정되거나,
> 절망감이 들 때마다
> 내면에 귀를 기울이고,
> 내면의 비판자가 당신에게
> 뭐라고 속삭이는지
> 주목하자.

내면의 비판자를 규제하고 제어하는 것은 그리 어려운 일이 아니다. 그의 말로 인해 매일같이 괴로워하는 것보다는 훨씬 쉬운 일이다.

이번 장을 여기까지 읽었으니 이미 내면의 비판자가 어떤 일을 하는지에 대해 대략적인 감이 생겼을 것이다. 일단은 그것으로 충분하다. 얼마 지나지 않아 당신은 내면의 비판자의 활동을 점점 더 분명하게 의식하게 될 것이다. 이미 첫걸음은 뗐다. 당신을 끌어내리고, 탓하고, 의기소침하게 만드는 생각들에 대해 이제 "그래, 나는 이러저러한 사람이야."라고 받아들이지 말고, 그런 생각들에 거리를 두어야 한다. "내 안에 있는 내면의 비판자가 이러저러하게 말하는군."이라고 하자. 더 이상 상처받지 않기 위해서는 이런 거리가 꼭 필요하다. 여기 내면의 비판자를 더 잘 다룰 수 있는 다섯 가지 효과적인 방법들이 있다.

| 내면의 비판자, 이렇게 길들여라 |

▶ **자신의 생각에 주목하라**

우울하거나, 힘이 없거나, 걱정이 생길 때 머릿속을 스쳐가는 생각에 주의해야 한다.

▸ **내면의 비판자의 공격을 중단시켜라**

내면의 비판자가 공격을 해올 때 이를 중단시켜야 한다. 자기 자신을 깎아내리거나 의기소침하게 하는 모든 생각들을 의식적으로 멈추자.

▸ **내면의 비판자의 '메시지 송출 시간'을 제한하라**

지금까지 내면의 비판자는 밤낮을 가리지 않고 시도 때도 없이 당신에게 말을 걸었다. 이제는 그 상태를 끝내자. 하루 한 번 시간을 정해서 내면의 비판자로 하여금 그 시간에만 말하게 해야 한다. 대부분 10분 정도면 충분하다. 이야기할 시간을 전혀 주지 않으면, 내면의 비판자는 받아들이지 않을 것이다. 그러면 다시금 시도 때도 없이 당신의 생각에 개입하려고 할 것이다. 어쨌든 그는 당신 인격의 가장 오래된 부분으로서 아예 입을 다물 수는 없기 때문이다.

▸ **내면의 비판자의 공격 내용을 적어보라**

내면의 비판자가 늘 지적하고 물고 늘어지는 점들이 있을 것이다. 내면의 비

> 언제 어디서
> 내면의 비판자에게 말할 시간을
> 허락할지를 정하자.

판자가 반복해서 비난하는 것은 무엇인가? 노트를 마련하여 거기에 내면의 비판자의 공격 사항을 일일이 적어보자. 그렇게 함으로써 내면의 비판자의 말들을 머릿속에서 끄집어내고, 그 말들과 더 거리를 둘 수 있다.

▶ **내면의 비판자의 말을 반박하라**

고질적인 내면의 비판자는 고집스럽게 우리의 귀에 대고 듣기 싫은 소리를 한다. 특히나 괴로운 말들을 많이 한다. 가령 "네까짓 게 그런 걸 해?", 또는 거울을 보며 "폭망이다, 폭망!" 이런 식으로 말이다. 이런 말에 내면의 비판자와 똑같이 고집스럽게 반박하자. "그렇지 않거든!", "천만에!", "난 할 거야.", 또는 거울을 보며 "우아, 멋지다!" 이렇게 말이다. 내면의 비판자를 길들여 당신이 주도권을 잡아야 한다. 언제 어디서 비판자에게 발언권을 줄지 결정하는 것이다. 반면 자신감이 필요한 대화나 협상에서는 내면의 비판자가 입을 다물고 있도록 하는 게 좋다.

내면의 비판자를 통제하고
유익하게 활용하라 _____

세미나에 참가한 한 여성이 자신이 내면의 비판자를 어떻게 통제하는지를 이야기해주었다.

"나의 내면의 비판자는 나더러 너무 자기주장이 세다고 말해요. 게다가 성공에 너무 집착하는 커리어우먼이 아니냐고 하지요. 나는 지금 관청에서 지도적인 위치에 있어요. 이 자리에 취임하고부터 업무 체계를 몇 가지 손봤고, 최근에는 회의를 효율화하는 데 역점을 두고 있어요. 지금까지는 회의가 너무 지지부진하고 비효율적으로 진행되었거든요. 그래서 회의 시간을 기존의 절반으로 줄이는 방안을 마련하여 직원들을 설득하고자 미팅을 잡았어요. 미팅 날이 다가왔을 때 아침에 눈을 뜨자마자 내면의 비판자가 나를 불안하게 만들기 시작했어요. 옷장 앞에 섰는데 무얼 입어야 할지 난감했죠. 슈트를 입자니 너무 딱딱해 보일 것 같았어요. 원피스는 너무 격식이 없어 보이는 것 같고. 머릿속으로 준비한 내용들을 돌려보는데, 내가 과연 직원들을 설득할 수 있을지 의심이 들었어요. 잔뜩 주눅 들고 불안에 사로잡혔지요. 그 순간, 내면의 비판자가 배후에 있다는 사실이 떠올랐어요. '아, 그가 나를 이렇게 불안하게 하는구나!' 하면서 그를 뒷전으로 제쳐버렸지요. 잠시 그의 주된 비판 논지들을 메모하고는, 그의 모든 이의들을 자세히 들어주겠다고 약속을 했어요. 단, 퇴근 뒤에 말이에요. 지금은 휴식 시간이니 일단 가만히 있으라고 했지요. 그러고는 슈트를 입고 미팅에 들어갔어요. 그리고 대부분의 직원들을 설득하는 데 성공했어요. 나는 시종일관 자신감에 넘쳤어요. 저녁에 퇴근하면서 만족스러웠어요. 내면의 비판자더러 이제 이야기해 보라고 했더니, 그는 평소에 누구이 지적했듯이 '너무 자기주장이 세다'는 말밖에 하지 않았어요. 내가 간혹 내 주장을 너무 세게 밀고 나가는지 솔직히 말해 잘 모르겠어요. 하지만 어쨌든 나는 내가 옳다고 여기는 일을 해냈어요. 우리 회의는 이제 굉장히 타이트하고 효율적으로 진행되고 있어요. 내가 이루고자 한 바죠."

당신의 자신감은 사라지지 않았다. 두꺼운 이불이 빛나는 보석을 둘러싼 것처럼 내면의 비판자로 인해 가려져 있을 따름이다. 이불을 치우면 보석은 저절로 빛을 발한다. 내면의 비판자를 의식하고 통제하면 원래의 반짝임을 되찾을 수 있다.

당신의 광채는 바깥으로도 퍼져나간다. 당신은 이제 조금 더 꼿꼿한 걸음으로 걷고, 당당하게 앉아 있게 될 것이며, 더 품위 있게 행동하고, 말도 더 또박또박 하게 될 것이다. 다른 사람들은 당신의 자신감을 감지하고, 당신이 더 이상 그렇게 호락호락하지 않다는 것을 확인하게 될 것이다.

당신은 강한 사람이 될 것이다. 통제된 내면의 비판자는 이제 정신의 유용한 부분으로 기능할 것이다. 그의 특기가 실수와 잘못을 발견해내는 것이 아니던가. 이런 능력을 유용한 부분에 기울인다면 좋을 것이다. 편지를 쓸 때 맞춤법이 틀린 부분을 발견한다든가, 길을 잘못 들었을 때 적시에 그것을 상기시켜 지도를 확인하게 한다든가, 셔츠에 뭐가 묻었을 때, 혹은 음식이 싱거울 때 그것들을 지적해준다든가.

다른 사람들이 비판을 해올 때도, 내면의 비판자가 도움을 줄 수 있다. 잘 통제된 비판자의 도움으로 당신은 자신이 실수를 했는지, 이 실수가 얼마나 큰지를 가늠하고, 다른 사람들의 말에 쉽게 휩쓸리지 않게 된다. 상처를 덜 받게 되는 것이다.

그러나 가장 큰 유익은 이제 당신은 다시금 진정한 당신으로 살게 된다는 것이다. 당신은 유일하고 소중한 보물이다. 선물로서 세상에 주어졌다. 그리고 당신은 그런 대접을 받을 권리가 있다.

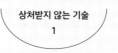
자기 비하는 이제 그만!

◦ 자신의 생각을 존중하라 ◦

자기 비하에서 벗어나려면 스스로를 부족하고 흠 많은 사람으로 몰아가는 내면의 목소리를 발견하는 것이 중요하다. 이런 목소리가 바로 우리 안에 있는 내면의 비판자다. 침울해 있거나 마음이 산란할 때는 속으로 자신이 무슨 말을 하고 있는지에 주의하자.

◦ 내면의 비판자의 '메시지 송출 시간'을 제한하라 ◦

내면의 비판자에게 발언 시간을 정해주자. 내면의 비판자는 당신이 정한 시간에만 말을 할 수 있다. 그가 과도하게 말을 걸어오거든, 메시지 송출 시간을 하루에 10분 정도로 제한하자.

◦ 내면의 비판자가 하는 말을 메모하라 ◦

노트를 마련해서 내면의 비판자의 의견을 메모해보자. 비판의 말을 글로 적어보면 그 내용과 거리를 두기가 쉬우며, 내면의 비판자가 늘 똑같은 이야기를 하는 것도 막을 수 있다.

◦ 현재 힘든 상황이라면 일단 내면의 비판자를 뒷전으로 제쳐두라 ◦

자꾸 스스로를 깎아내리다 보면 너무나 상처받기 쉬운 상태가 된다. 그러면 협상 같은 일에서도 설득력을 발휘할 수 없다. 그러므로 특히나 협상 전이라면 내면의 비판자의 말을 글로 적어보고 그의 말과 적극적으로 거리를 두는 것이 중요하다. 스스로를 불안하게 하는 모든 생각을 허락하지 말아야 한다.

2장

평소 어떤 상황이나 사람들에게
영향을 많이 받는 편인가?
자주 휘둘리는 편이라면
그들과 약간의 거리를 두고
당신을 위한 보호막을 설정하자.

매번 휘둘리고 소란스럽다면
둔감력을 길러라

거리를 두고
스스로를 보호하라 _____

　　모두가 난리를 칠 때 고요한 상태에 머물고 싶은가?
물결이 높게 칠 때 침착함을 유지하고 싶은가? 신경을 거스르
는 사람들 곁에서도 평정심을 잃지 않고 싶은가? 가능하다. 어
떻게 하면 되는지 여기서 설명하겠다.

　　나의 의사소통 세미나 참가자들은 '둔감력'을 높게 평가한
다. 사실 흥미롭게도 이런 세미나에 참가하는 사람들의 대부
분은 의사소통에 문제가 있는 사람들이 아니다. 그들은 조리
있게 이야기할 줄 알며, 상대방의 말을 경청할 줄 알고, 자신의
논지를 분명하게 제시할 줄 안다.

　　하지만 그들을 세미나로 이끈 원인은 정말 미칠 것만 같은,

> 둔감력은 주변의 소란스러움과
> 다른 사람들의 결점을 대수롭지 않게
> 넘길 수 있게 해준다.

절망스러운 대화 파트너를 만났기 때문이다. 그런 사람들과 이야기할 때는 설득력 있는 화술이나 조리 있는 말솜씨 따위는 전부 무용지물이다. 말이 안 통하는 사람들과 이야기하는 상황에서 필요한 것은 올바른 단어 선택이 아니라, 바로 평정심을 유지하는 것이다.

"고자세로 사람을 아래로 보는 고객들이 있어요. 그들에게 고분고분하기 위해서는 정말 신경안정제라도 복용해야 할 지경이에요. 그런 사람들은 내게 제대로 눈길조차 주지 않고, 인사를 받지도 않아요. 뭔가 도와줄 것이 있는지 물어보면 딱딱한 말투로 '아뇨. 필요한 게 있으면 부를게요.'라고 말하지요. 나는 보통은 고객들과 큰 문제가 없어요. 하지만 이런 '진상' 고객을 두 사람 정도 대하고 나면 하루 종일 기분이 안 좋아요. 그런 사람들 때문에 귀중한 하루를 망치고 싶지 않아요. 이런 오만불손한 태도를 가진 사람들에게서 어떻게 나를 지킬 수 있을까요?"

가구점에서 일하는 마이케가 내게 이렇게 물었다. 마이케는 자신이 이런 안하무인 타입들을 고칠 수도 없고, 교육시킬 수도 없다는 것을 알고 있었다. 그녀

> 고자세를 취하는 사람은
> 속에 열등감이 도사리고 있는
> 경우가 많다.

가 원하는 것은 오로지 '진상' 고객들을 대하면서도 좋은 기분을 망치지 않는 것이었다.

마이케는 화법을 개선하기 위해 이미 많은 세미나에 참석한 바 있었다. 그리고 곳곳에서 유용한 조언들을 많이 얻었다. 하지만 타인을 함부로 대하는 거만한 사람들 앞에서는 정말 견딜 수가 없고 심한 알레르기 반응이 생겼다.

내가 마이케를 만났을 때 그녀는 심리 치료를 받을까 생각 중이었다. 뭔가 자신에게 '중대한 문제'가 있다는 생각이 들었기 때문이다. 나는 그녀를 안심시켰다. 그녀에게 중대한 문제가 있는 게 아니라 다른 사람들의 분위기에 휩쓸리지 않는 능력이 부족할 따름이라고… 간단히 말해, 마이케는 다른 사람들이 괴팍하게 굴 때 그들과 거리를 취하는 방법만 배우면 되는 상황이었다.

다른 사람들의 기분으로부터 거리를 두는 것은 직업적으로만 중요한 것이 아니다. 일상생활에서도 우리는 관계의 스트레스로부터 스스로를 보호할 필요가 있다.

컴퓨터 전문가인 서른다섯 살의 스벤에게는 정말 그를 '미치게 만드는' 어머니가 있다. 어머니는 혼자 사는데, 외아들 스벤과 주말을 함께 보내고 싶어 한다. 스벤하고만 말

> 평소 사람들에게 영향을 많이 받는 편인가? 그렇다면 거리를 두고 스스로를 차단하는 능력이 필요하다.

이다. 스벤은 여태껏 늘 어머니의 뜻에 맞추어 크리스마스, 부활절, 성령강림절을 비롯해 명절과 연휴를 어머니와 함께 보냈다. 사실 스벤은 어머니와 연휴를 함께하기보다는 여행을 떠나고 싶었다. 주말에 친구들과 놀고도 싶었고, 런던으로 짧은 여행을 다녀오고도 싶었다. 여자 친구와 함께 마드리드로 여행을 가는 것은 오랜 숙원이었다.

하지만 지금까지는 그러지 못했다. 스벤이 명절에 한 번쯤 여행을 떠나고 싶다는 바람을 넌지시 비추기만 해도 어머니는 곧장 울음을 터뜨렸다. 털썩 주저앉아 흐느끼며, 자신에게 아무도 없으니 차라리 죽어버렸으면 좋겠다고 말했다. 그럴 때마다 스벤은 너무나 마음이 안 좋고 어떻게 대꾸해야 할지 알지 못했다. 그래서 늘 여행을 포기하고, 어머니 곁에 남았다.

여러 가지 방법으로 개선을 시도해보았으나 모두 허사였다. 처음에는 어머니가 연휴에 혼자 있지 않도록 여가 프로그램에 참여하는 방법도 모색해보았다. 하지만 어머니는 아들이랑만 함께 보내고 싶어 했다. 같이 여행을 가자고 해도 싫다고 했다. 낯선 침대에서는 잠을 잘 수가 없을 거라면서 말이다. 스벤이 제안하는 모든 것이 전혀 먹히지가 않았다. 마치 목에 감긴 올가미가 점점 조여 오는 느낌이었다. 어머니는 나이 들수록 더욱 스벤에게 집착했고, 스벤을 한 달에 여러 번,

주말마다 보고 싶다는 눈치
를 주었다.

스벤은 이렇게 계속될 수
는 없다는 걸 알았다. 가장 안 좋은 것은 그가 여행을 포기했다
는 사실이 아니라, 서서히 그러나 확실하게 어머니에 대해 분
노가 일기 시작했다는 사실이다.

그는 어머니를 지긋지긋해하기 시작했다. 이제 어머니의 뜻
에 맞출 때마다 점점 더 화가 났다.

"엄마가 울 때마다 나는 그냥 그놈의 울음을 좀 그치게 하고
싶을 뿐이에요. '아, 알았어요, 엄마. 여기 있을게요.'라고 말하
면 엄마는 곧 울음을 그쳐요. 엄마는 눈물로 나를 협박하는 것
이고, 나는 그것을 막을 수가 없어요. 엄마도 그걸 알고 있고요.
어느 순간 내가 폭발해서 엄마의 목을 조를지도 모르겠어요."

스벤은 농담 반 진담 반으로 그렇게 말하며 더 이상 어찌해
야 할지 모르겠다며 난감해했다. 내가 그에게 물었다.

"어머니와 어떤 대화를 나누었으면 좋겠어요? 대화를 나눈
다면 지금까지 못했던 어떤 말을 하고 싶어요?"

그는 잠시 생각하더니 이렇게 말했다.

"나는 엄마에게 다음번 연휴에는 같이 보낼 수가 없다고 분
명히 말하고 싶어요. 그리고 엄마의 눈물에 더 이상 그렇게 마
음이 홀라당 뒤집어지고 싶지 않아요. 엄마 옆에서 마치 엄마

> 다른 사람들이 감정으로
> 우리에게 압박을 가하면
> 우리는 잘못된 책임감에 빠진다.

> 우리 모두 특히나 약한 부분이 있다.
> 그곳이 건드려지면 우리는
> 속수무책이 되거나,
> 화가 치밀어 오른다.

마음을 아프게 한 꼬마 같은 기분이 되는 거, 이제는 정말 그만하고 싶어요."

스벤은 자신이 원하는 걸 명확히 알고 있었다.

"그렇게 되기 위해 무엇을 배워야 할까요?"

내가 스벤에게 물었다.

"저항력이 필요해요. 20센티미터 두께의 방탄유리 뒤에 숨어 있고 싶어요."

스벤이 대답했다. 좋은 생각이다. 하지만 실행에 옮기기는 힘든 생각이다. 그런 차원에서 스스로를 보호하고 자신의 저항력을 키울 수 있는 훨씬 쉬운 방법들을 소개하겠다.

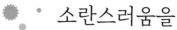

소란스러움을
잠재우는 둔감력

　　마이케의 '진상' 고객과 스벤의 툭하면 우는 어머니, 이 두 경우에는 똑같은 것이 필요하다. 상대와 거리를 둠으로써 우리의 마음이 힘들어지지 않도록 해야 한다.

　　내 경험에 따르면 사람마다 예민한 부분이 다 다르다. 어떤 사람들은 고자세로 나오는 사람들에게 꽤나 잘 대처하고, 어떤 사람은 그런 사람들에게 과민 반응을 보인다. 어떤 사람은 울음에는 무척 약하지만, 소리를 꽥꽥 지르고 언성을 높이는 사람들에게는 꽤나 잘 받아친다. 우리는 각각 약한 부분이 다르며, 약한 부분이 건드려질 때 무력감을 느

> 우리가 과민 반응을 일으키는 것은 둔감력이 부족해서다.

끼거나 화가 난다.

그러므로 자신의 '아킬레스건'을 평소 잘 파악하고 있으면 좋다. 당신은 어떤 일에 특히 흥분하는가? 어떤 일에 분개하고 화가 나는가? 어떤 일에 속수무책이 되는가? 어떤 부분으로 말미암아 곤혹스러워하는가?

현재로서는 그런 부분이 잘 생각이 나지 않을지도 모른다. 다음 리스트를 한번 보자. 이 중에서 당신의 신경을 건드리는 것이 있는가?

당신의 대화 상대가…

* 말은 거의 하지 않은 채 흐느끼기 시작하거나 가만히 앞쪽만 응시한다.
* 화를 내며 욕을 하고 소리를 지른다.
* 짜증을 부리며 사사건건 트집을 잡고 싸움을 건다.
* 대화 중에 당신의 눈을 쳐다보지 않고 계속 곁눈질을 한다.
* 대화 주제를 벗어나 자꾸 다른 이야기를 한다. 자기 관심사만 늘어놓거나, 종교나 세상일에 대해 떠든다.
* 잘난 체하며 고자세로 당신을 가르치려 한다.
* 자신에게 있는 것들을 자랑하고 과시한다.
* 당신에게 압력을 넣고 위협한다. 사장에게 고자질하겠다거나 고소하겠다고 한다.

- 입만 떼면 신세한탄을 하고, 모든 것을 부정적으로만 보며 계속 딴지를 건다.
- 얼음장처럼 차갑게 군다. 말을 거의 하지 않고, 폐쇄적이고 거부하는 태도로 일관한다.
- 계속 실없는 소리를 하고, 웃기지도 않는데 시시껄렁한 농담을 한다.
- 쉽사리 기분이 상해서 뾰로통하게 반응하거나 토라진다.

이 중에 당신이 특히 싫어하는 행동들이 있는가? 아니면 당신이 과민 반응을 보이는 다른 행동들이 있는가?

....

우리는 다른 사람에게서 자신의 좋은 점과 싫은 점을 본다.

_데비 포드Debbie Ford

....

이런 행동들로 인해 속이 홀딱 뒤집어지는 걸 막기 위해 여기 세 가지 기법을 소개하려고 한다. 이 기법을 활용하면 앞으로 더 이상 과민하게 반응하지 않고, 상황에 초연하게 될 것이다.

> 다른 사람들을 억지로 바꿔놓을 수는 없다. 다른 사람들이 하려는 것과 당신이 하고자 하는 것은 당연히 배치된다.

사람들이 짜증을 돋우거나, 압박하는 경우 우리는 이런 상황에서 벗어나려면 상당히 힘들 거라고 생각하는 경향이 있다. 굉장한 노력을 기울여야만 신경을 거스르는 사람에게서 약간의 자유를 맛볼 수 있을 것이라고 생각한다. 그러나 사실은 생각보다 훨씬 쉽다. 싸울 필요도 없고 마찰을 빚을 필요도 없다. 다만 조금 둔감해지면 된다. 다음 세 가지 간단한 방법으로 둔감력을 획득할 수 있다.

- **비인격적 상태로 옮겨간다.**
- **보호막을 세운다.**
- **일단 멈추고 반응을 늦춘다.**

이 세 가지 기법에 대해서는 앞으로 더 자세히 설명하겠다. 이 기법들을 따로따로 적용할 수도 있고, 상황이 어려운 경우 순서대로 연속적으로 투입할 수도 있다. 누군가 당신의 속을 심하게 긁어놓거나 압박을 행사하는 경우, 우선 비인격적인 상태로 옮겨간 뒤 보호막을 치고, 잠시 멈춤 시간을 가지면서 반응 시간을 늦출 수 있다.

이 세 가지 둔감 전략은 다음과 같은 효과를 발휘한다.

- **스트레스가 경감되거나 사라진다.**

- 혼란스럽거나 화가 나는 대신 명확하게 숙고할 수 있다.
- 원하는 것을 시야에서 놓치지 않고 넓은 시각에서 볼 수 있다.
- 압박을 받지 않고 시간적 여유를 두고 적절한 말을 찾을 수 있다.
- 더 이상 다른 사람에게 휩쓸리지 않고, 스스로 주도권을 쥘 수 있다.

처음에는 이 세 가지 방법을 따로따로 훈련하는 것이 더 쉽다. 그러다 보면 연속 투입도 쉬워질 것이다.

비인격적 상태로
옮겨가라

둔감력을 기르는 첫 번째 방법인 '비인격적 상태로 옮겨가기'부터 시작해보자. 우리는 어떤 상황에 인격적으로 임할 수도 있지만, 비인격적으로 임할 수도 있다. 이 두 가지 상태는 쉽게 말해 이러하다.

비인격적인 상태는 사무적인 상태인데, 이는 우리의 민감한 마음의 문을 걸어 잠그는 것과 같다. 이런 상태에서 다른 사람들의 감정은 우리에게 더 이상 와닿지 않으며, 더 이상 우리의 폐부를 찌르지 않는다. 비인격적, 사무적인 상태에서 우리는 더 객관적이 될 수 있으며 상황과 거리를 둘 수 있다. 우리 자신의 감정도 잠금 상태로 있다. 그리하여 우리의 메시지는 배가 아니라 머리에서 나간다.

　반면 인격적인 상태는 감정의 중

심(감정 센터)을 열어놓은 상태다. 우

리는 감정적으로 이미 도달 가능한 상태에 있다. 그리하여 분

노, 사랑, 초조함 등 다른 사람들의 모든 감정에 영향을 받는

다. 이런 상태에서는 자신의 감정도 존재한다. 우리에게 무슨

일이 일어났는지를 느끼고, 다른 사람들이 어떤 기분인지도

민감하게 감지한다.

비인격적인 상태에서는 타인과 감정적으로 연결되지 않는다. 경계가

명확하게 설정된다. 이럴 때 당신은 상대의 감정이나 반응에 휘둘리지

않고, 객관적이고 명확하게 사고하고 반응할 수 있다.

_할 & 시드라 스톤

많은 사람들이 굳이 상태 전환을 의식하지 않더라도 비인

격적 상태와 인격적 상태를 쉽게 넘나들 수 있다. 보통 직장에

서 고객을 대할 때는 사무적인 태도로 말하다가, 퇴근하여 집

에 오면 인격적으로 아이들을 대하지 않는가. 감정을 개입시

키지 않는 사무적 태도를 취하다가 다시금 감정적으로 열린

상태로 돌아온다. 의식하지 않고 두 상태를 자유자재로 왔다 갔다 하는 것이다.

하지만 의지적으로 통제하지 않다 보니 종종 한 가지 상태에 들어가, 그 상태에 사로잡혀 있는 일도 일어난다. 그러므로 다른 사람들과 거리를 두기 위해서는 의식적으로 비인격적인 상태로 들어갈 필요가 있다. 감정에 이르는 문이 활짝 열려 있는 한, 우리는 다른 사람들의 감정에 휩쓸리기 쉽다는 것을 명심해야 한다.

물론 사랑 고백을 받는 순간이나 방긋방긋 웃는 귀여운 아기를 품에 안고 있을 때는 감정에 휩쓸리는 것이 아주 멋진 일이다. 그럴 때는 감정 전염이 무척 바람직하다. 그러나 안하무인인 사람들을 상대할 때나, 누군가가 눈물로 압력을 행사하는 상황에서는 얼른 마음의 문을 의식적으로 닫고 곧장 비인격적인 상태로 넘어가는 것이 중요하다.

비인격적 상태를 무뚝뚝하거나 무례한 태도와 혼동해서는 안 된다. 비인격적인 것은 상대와 다투거나 상대를 공격하는 것이 아니다. 다만 '문을 닫는 것', 즉 감정을 개입시키지 않는 것이다.

늘 인격적인 상태로만 일관하면 다른 사람들에게서 적절한 거리를 취하기가 힘들다.

비인격적 상태와 인격적 상태는 우리가 선택할 수 있는 두 가지 상태다. 두 상태

모두 살아가는 데 필요하다. 중요한 것은 상황에 따라 번갈아 가면서 적절한 상태를 의식적으로 투입하는 것이다.

나는 공항 수하물 센터에 근무하는 한 여직원이 이런 비인 격적 상태를 탁월하게 구사하는 것을 본 적이 있다. 그녀는 자 신들의 수하물이 타고 온 비행기에 실리지 않은 것을 거세게 항의하는 승객들에게 둘러싸여 있었다. 보아하니 여남은 명의 단체 여행객들인 것 같았는데, 모두가 동시에 감정적으로 팔 을 내저으며 그 여직원에게 언성을 높였다.

하지만 승객들의 감정적인 태도는 그녀에게 먹히지 않고 도로 튕겨져 나왔다. 그녀는 폭언들에 일일이 반응하지 않으 면서도 친절하고 전문적인 분위기를 풍겼다. 화를 내는 승객 들에게 미안하다고 사과를 해서 승객들의 흥분을 잠재우는 동 시에 서식을 빠르게 기입했다. 주변이 시끌시끌한데도 침착함 을 유지하는 모습이 대단했다. 동료에게 더 많은 의자를 준비 해달라고 지시하고, 짐이 도착하지 않은 승객들을 의자에 앉 히고는 전화로 자초지종을 알아보았다. 그런 그녀의 모습이 부서지는 파도 속의 든든한 바위처
럼 보였다.

비인격적 상태로만이 이렇듯 흥
분하고 화내고 우왕좌왕하는 상황

비인격적인 상태로 들어가는 것은 현관문을 닫는 것처럼 간단하고 쉬운 일이다.

을 견딜 수 있다. 바로 이런 상태가 주변이 소란스럽고 혼란스러울 때에도 우리로 하여금 행동 능력을 유지하게 해준다.

소란 가운데서도 평심을 잃지 않는 세 가지 팁
- 비인격적인 상태로 옮겨가 침묵하며 가만히 있을 것
- 잠시 생각한 뒤 가장 중요한 것부터 해결할 것
- 패닉에 빠졌거나, 절망했거나, 화를 내는 사람들을 진정시키고 자신의 감정과는 거리를 둘 것

마이케가 고자세의 차가운 고객들 때문에 얼마나 힘든지를 이야기했을 때 나는 마이케가 늘 마음 문을 열고 산다는 걸 알았다. 그녀는 의식하지 못한 채 계속 인격적인 상태로 살아옴으로써, 마음을 보호하고 감정적으로 거리를 두는 능력을 개발하지 못한 것이다. 마이케는 판매 훈련이나 심리 치료가 필요하지 않았다. 단지 비인격적 상태로 옮겨가는 법만 배우면 되었다.

두세 번의 연습 뒤에 마이케는 힘들이지 않고 의식적으로 비인격적 상태로 전환할 수 있게 되었다. 그녀에게 이것은 정말 신기한 일이었다. 처음에 그녀는 '마음의 단추를 잠그다니 어떻게 그럴 수가 있지?' 하면서 이상하게 생각했다. 하지만 직접 실행해본 다음에는 이렇게 말했다.

"나는 좀 더 무심하게 대해요. 다른 사람들이 어떤 생각을 하는지 신경을 덜 쓰고요. 비인격적인 상태에서는 안테나를 더 이상 세우지 않아요. 그렇게 하니까 에너지를 많이 절약할 수 있더라고요."

마이케는 이 말을 하면서 웃었다. 지금까지 다른 사람들을 계속 인격적 상태로 대해온 사람들은 비인격적 상태가 가능하다는 사실 앞에 종종 후련함을 느낀다. 비인격적 상태가 되면 감정이입 정도가 줄어든다. 늘 주변 사람들에게 공감하고, 자신의 필요보다 다른 사람들의 필요를 더 챙기며 살아온 이들에게는 부담이 크게 경감될 것이다.

비인격적 상태를 통해서는 커다란 노력 없이도 다른 사람들과 거리를 둘 수 있다. 여기에는 의식적인 조절이 필요하다. 공감 능력이 뛰어난 사람도 필요할 때는 마음의 단추를 잠글 수 있어야 한다. 그렇지 않으면 공연히 사람들에게 치이고 휘둘릴 우려가 있다.

이제 비인격적 상태에 대한 감이 오는가? 아니면 의도적·의식적으로 비인격적 상태로 들어가는 것이 아직도 어렵게 느껴지는가? 그렇다면 다음 훈련이 도움이 될 것이다.

> 평소 공감 능력이 높은 편인가?
> 때로는 "아. 됐어. 알 바 아니야."라고
> 말하는 것도 필요하다.

| 비인격적 상태로 옮겨가는 방법 |

의식적으로 마음의 문을 닫자. 세상과 거리를 두자. 감정을 자
기 안에 머물게 하고, 다른 사람의 감정이 자신에게로 스며들
지 않도록 해야 한다. 그렇게 해야 민감한 마음을 보호할 수 있
다. 내적으로 한 걸음 물러나 듣고 보는 모든 것과 약간의 거리
를 두어야 한다. 주변에서 무슨 일이 일어나든 개의치 말고 중
요한 일에 집중하자. 긴장을 풀고 심호흡을 하자. 비인격적 상
태는 힘들지 않고 편안하다. 이런 상태를 더 강도 높게 구사해
보자. 마지막으로 이런 비인격적 상태에 대한 일종의 마음속
'사본'을 만들어두자. 필요할 때 빠르게 다시 꺼내 쓸 수 있도록
말이다. 다시 인격적 상태로 돌아가려면 몸을 흔들어 비인격적
상태에서 빠져나오자. 한 번 더 되풀이해보자. 다시 비인격적
상태로 옮겨간 뒤, 그 상태로 한동안 있다가 몸을 흔들어 인격
적 상태로 빠져나오자.

우선 중립적인 상황에서 비인격적 상태로 옮겨가는 훈련
을 해보길 바란다. 레스토랑이나 은행, 쇼핑 센터 등 뭔가를
체험하거나 구입하
는 상황에서 사무
적인 태도를 훈련

타인의 기분과 감정에 휘둘리지
않겠다는 결정은 이상한 게 아니다.
타인의 기분과 감정까지 책임질 필요는 없다.

해보는 것이다.

나는 세미나 참가자들이 이런 훈련을 쉽게 할 수 있게끔 돕는다. 비인격적 상태로 옮겨가는 게 힘들 거라는 선입견이 있는 경우 훈련이 상대적으로 어렵게 느껴진다. 그러나 사실은 어려운 훈련이 아니다. 문을 닫는 것만큼이나 수월하다.

스벤은 자신의 비인격적인 상태를 아주 잘 알고 있었다. 회사에서 근무할 때는 대부분의 시간을 그 상태로 보내기 때문이다. 어머니와 함께 있을 때만 유독 부지불식중에 인격적인 상태로 넘어갔다.

그 자체로는 문제가 아니었다. 하지만 스벤은 인격적인 상태에서 헤어나지 못함으로 말미암아 어머니와 거리를 두지를 못했다. 이성적으로는 상황 파악을 하고 있었지만, 막상 어머니 얼굴을 대하면 속수무책이 되었고, 이제 마음속은 점점 어머니에 대한 분노로 들끓었다. 이런 식으로 계속되는 건 힘들다는 걸 알면서 늘 속수무책으로 행동하는 자신에 대해서도 마음 깊이 분노하고 있었다.

스벤은 어머니와 대화할 때 의식적으로 비인격적 상태를 투입하는 훈련을 했다. 하지만 스벤에게는 또 다른 보호 수단이 필요했다. 어머니와 아들 간의 대화 패턴이 장기간 너무나 굳어져 있었기에 그것을 깨뜨리는 것이 쉽지가 않았다. 일단 스벤은 스스로의 마음속에 쌓인 분노를 좀 해결해야 했다. 상

> 모든 사람은
> 울고 싶을 때 울 권리가 있다.
> 다만 상대가 운다고 해서
> 무조건 양보할 필요는 없다.

대에 대한 원망이 솟구친다는 것은 그동안의 관계 가운데 자신의 경계를 분명히 하지 못하고 침해당해 왔다는 표시다. 스벤은 조만간 견디지 못하고 어머니에게 감정을 폭발해버리지 않을까 우려하고 있었다.

"다시 한번 엄마가 울음을 터뜨리면 난 발작을 하게 될 것 같아요. 더 이상 견딜 수가 없어요."

나는 스벤에게 말했다.

"당신이 여행을 떠나겠다고 말하면 어머니는 다시 울기 시작할 거예요. 하지만 그런다고 화를 폭발해버릴 필요는 없어요. 울고 싶을 때 우는 것은 엄마의 권리예요. 그리고 당신은 어머니가 울더라도 당신의 계획을 고수하면 돼요."

나는 스벤에게 비인격적 상태에 추가하여 보호막을 세울 수도 있다고 말해주었다.

보호막을 세워
거리를 확보하라

　　상대가 자꾸 감정에 호소하는 경우, 비인격적 상태로 옮겨가는 것과 더불어 보호막을 칠 필요가 있다. 자신의 마음을 지키는 보호막은 대화 상대의 기분에 전염되지 않도록 도와주는 또 하나의 수단이다. 마음의 문을 닫을 뿐 아니라, 눈에 보이지 않는 보호막을 쳐서 부담되는 상대의 기분을 차단하는 것이다.

　　보호막은 생각으로 치는 정신적 방패다. 눈에 보이지 않는 방탄유리가 당신을 보호하고 있다고 상상해보자. 그 방탄유리 뒤에서 당신

> 당신의 보호막은 가상의 경계다.
> 보호막을 동원하여 상대와의 거리를
> 더 확보할 수 있다.

은 모든 것을 보고 들을 수 있지만, 이를 통해 상대방의 기분과는 완전히 차단된다. 상대방이 울든, 말로 공격을 하든, 그것들은 당신에게 더 이상 영향을 미치지 못한다.

마음 약한 사람들은 종종 다른 사람들이 정신적 노폐물을 쏟아붓는 감정 쓰레기통이 되기 쉽다. 이때 보호막은 다른 사람의 감정과 문제들을 자기 것으로 받아들이지 않도록 도와준다.

지금까지 불편한 대화 때문에 미칠 것만 같았다면, 그것은 당신에게 보호막이 없었기 때문이다. 이런 보호막을 어떻게 만들 수 있는지 살펴보자.

| 보호막을 세우는 방법 |

몸에 힘을 빼고 편안하게 곧추 앉아 심호흡을 하자. 그리고 당신 바로 앞에 두꺼운 방탄유리로 된 보이지 않는 벽이 있다고 상상해보자. 당신은 그 유리 뒤에 안전하게 앉아서 모든 것을 보고 들을 수 있다. 다른 사람들이 풍기는 분위기(기분, 정서)는 이제 당신에게 영향을 미치지 못한다. 탁구공이 탁구대에 부딪혀 튕겨나가듯, 다른 사람들의 기분은 당신이 세운 보호막에 부딪혀 튕겨나간다. 여유를 가지고 보호막을 만들고, 적절한 거리를 두고 앞에 세우자. 당신의 민감한 영혼이 보호막 뒤에서 안전하게 보호된다는 것을 느껴보자. 긴장을 풀고, 보호받고 있음을 더 진하게 느껴보길 바란다. 스스로를 차단하는 것은 굉장히 쉬운 일이다. 애쓰지 말고, 안정감과 든든함을 느껴보자. 이런 보호막을 마음속에 저장했다가 일상에서 필요할 때마다 동원하자.

스벤은 비인격적 상태로 들어가는 동시에 보호막을 치는 연습을 했다. 이런 내적 상태에 있고 나서야 비로소 그는 어머니에게 자신의 의견을 명확하게 표현할 수 있었다. 이런 보호막이 없다면 다시금 애매모호하고 자신 없게 말을 꺼낼 것이고, 어머니의 눈물이 성과를 거둘 수 있음을 무의식적으로 어머니에게 신호했을 것이다.

세미나 역할극에서 스벤은 자신의 입장을 적절히 피력하는 데 성공했다. 역할극은 대체 현실일 따름이지만, 실제 상황을 준비하는 데 굉장히 유용하다. 스벤은 여러 번의 역할극을 통해 어머니에게 상처를 주지 않으면서도, 자신의 의견을 밀고나갈 수 있는 적절한 균형에 도달할 수 있었다. 어머니의 눈물 앞에서 화내지 않고 자신의 의견을 고수하는 데는 보호막이 결정적인 도움이 되었다.

작전타임을 갖도록
잠시 멈추라 _____

둔감력을 길러주는 세 번째 방법은 바로 잠시 멈추는 것이다. 이것은 침묵하는 대화 기법이다. 상대방의 말에 섣불리 대답하거나 반응하는 대신, 잠시 중단하고 작전타임을 가져야 한다.

대화 중에 뭔가 불편해지거나 공격을 받아 대화가 빗나갈 우려가 있을 때는 특히나 이런 시간을 갖는 것이 중요하다. 누군가 당신을 억지로 설득하려 할 때도 마찬가지다. 대화가 엉뚱한 방향으로 흐르고 있음을 깨닫자마자, 대화를 멈추고 상황에서 하차해야 한다.

우선 침묵하자. 이를 통해 당신이 처한 상황과 거리를 둘 수 있다. 대화를 중단하고, 일단 상황에서 빠져나온 다음에야 방금 일이 어떻게 진행되고 있었는지를 확인할 수 있다.

"이게 무슨 일이지?"

헷갈리거나, 화가 나거나, 마음이 상하면, 곧장 멈춤 버튼을 누르자. 상대에게 곧바로 반응하기 전에 작전타임을 가질 필요가 있다.

....

멈추어 있는 동안 무엇을 할까? 간단하다. 하던 일을 중단하고 눈을 뜬 상태로 앉거나 서자. 그 상태에서 내면에 주의를 기울이자. 떠올리고 싶은 내용을 떠올리자.

_데이비드 쿤츠 David Kundtz

....

이런 멈춤이 없을 때 어떤 일이 발생할 수 있는지를 한 세미나 참가자의 말을 통해 알 수 있다.

"2주 전쯤인가 거래처 사람과 다툰 일이 있어요. 사소한 일때문에요. 그 사람이 전화에 대고 우리의 납기일이 늦어지는 것에 대해 농담을 했거든요. 우리 회사 사람들이 나처럼 일을

> 당신은 언제든 상황을 중단할 권리가 있다. 대화가 제대로 진행되지 않으면 멈추자. 그리고 원래의 바람을 생각하자.

하지 않고 하루 종일 전화를 하니까 납기일을 그렇게 못 맞추는 게 아니냐고 말이에요. 나는 그 말에 즉흥적으로 '아이고, 그럼 당신도 게으름을 피우는 거네요. 당신도 지금 전화 통화를 하고 있으니까요.'라고 했어요. 그러자 그 직원이 내 말에 엄청 화를 냈고, 나는 곧장 생각 없이 그 말을 내뱉은 걸 후회했어요. 뱉은 말을 쓸어 담을 수도 없고 말이에요. 그는 너무 화가 난다며 상사를 바꾸어 달라고 했고, 이제 상황은 제 손을 벗어났어요."

상대를 공격하고 싶은 마음이 들 때는 잠깐 멈추는 것이 최상이다.

이처럼 모든 것은 사소한 마찰에서 시작될 때가 많다. 일단 멈추지 않으면 자칫 번거로운 싸움으로 버질 수 있고, 그 바람에 원래의 목표를 잃어버릴 수 있다. 즉흥적으로 감정이 앞서서 한 방 먹이려 했다가 반박에 반박이 이어지는 악순환이 초래될 수도 있다.

공격을 받거나 압박이 올 때, 대담하게 일단 멈추자. 지금 벌어지고 있는 일과 당신이 원래 바라던 것을 확인할 수 있는 시간이 필요하다. 답답한 상황에서는 앉은 자리에서 일어나 신체적으로 긴장의 장에서 벗어나는 것도 좋다. 창문을 열거나, 점퍼를 벗거나, 화장실에 한 번 다녀와도 좋다. 뿌리박은 듯 자리에 앉아서 그냥 당하고 있을 이유가 없다.

멈춤을 통해 잠시 생각을 정리할 수 있는 시간을 마련해야 한다. 때로 짧은 순간으로는 상황을 올바로 판단하기가 힘들 수도 있다. 그런 경우에는 좀 더 긴 숙고 시간이 필요하다. 당신이 평소 누군가의 부탁에 신속하게 '예스'를 하는 사람이라면 이런 전략은 특히나 중요하다. 보통은 "조용히 한번 생각해보고요.", 혹은 "생각할 시간이 필요하네요."라는 문장으로 충분하다.

필요한 경우, 상대에게 언제 다시 기별을 해줄지 알려줄 수도 있다. "10분 뒤에 다시 이야기해요.", "내일 아침 일찍 답을 줄게요.", "지금은 그것에 신경 쓸 시간이 없으니, 괜찮으시다면 다음 주에 다시 연락드리겠습니다." 이런 식으로 말이다.

숙고 시간이 얼마나 걸릴지는 사안에 따라 달라진다. 하지만 상대가 곧장 결정해달라고 요구하면 어떻게 해야 할까? 조심하라! 이제야말로 진정한 압박 상황이다. 이럴 때는 약간 고집 있게 나가야 한다. 여의치 않은 경우 생각할 시간이 필요하다는 말을 한 100번쯤 되뇌일 각오를 해도 좋다. "생각할 시간이 필요합니다." 마침표. 다른 말은 하지 마라. 상대가 그래도 양보하지 않으면, 계속 같은 말을 되뇌어도 좋다. 흥분하지 않고 담담하고 침착하게.

> 내가 원하지 않던 방향으로 상대가 끌고 가려 하거나 압력을 행사할 때 "생각 좀 해볼게요."라는 말로 방어할 수 있다. 그 말로 마침표를 찍어라.

바람이 받아들여지지 않는 경우
약간 고집 있게 나가라.
녹음기를 돌리듯
자신이 원하는 말을 반복하라.

이런 경우 나는 상대가 기분 나빠하지 않도록 한 문장을 덧붙인다.

"생각할 시간이 좀 필요하네요. 지금 중요한 말씀을 해주셔서 일단은 그에 대해 생각을 좀 해보고 싶어요."

상대 입장에서 내가 그의 말을 조용히 생각해보겠다는데 마다할 이유는 없다. 시간 압박이나 조급함에 휘둘려서는 안 된다. 불이 났거나 누군가 피를 흘리고 있지 않은 이상 정말로 신속하게 행동해야 하는 상황은 별로 없다.

그 밖에도 어느 정도의 시간이 필요할지 스스로 결정하는 것이 중요하다. 대답을 하기 전에 잠시 멈추는 습관을 들이면 좋다. 대화를 할 때 너무 성급하게 시속 200킬로미터로 달리지 말고, 브레이크를 밟자. 걷는 속도로 반응하자. 이를 통해 대화가 계속 바람직한 방향으로 가고 있는지, 어디서 시작하고 어디서 끝내야 하는지 알 수 있다.

자, 이제 혼란스런 상황 가운데 맑은 머리를 유지하는 세 가지 중요한 기법을 알게 되었다. 이런 방법들을 함께 적용하면 스트레스가 찾아와도 상황에 초연할 수 있다. 우선 비인격적인 상태로 들어가고, 필요하면 보호막을 세우고, 종종 멈추어 잠시 생각할 시간을 가질 것!

이 세 가지 방법을 적용하는 것이 힘들고 어려운 것처럼 보일지도 모른다. 하지만 이 방법들을 일단 신뢰하고 연습하다 보면, 이것들을 적용하여 상황에 초연해지는 것이 쉽다는 걸 알게 될 것이다.

이 방법들을 능숙하게 적용하는 데는 약간의 시간이 걸릴 수도 있다. 당신이 현재 잘하는 것들을 생각해보길 바란다. 자동차 운전이든, 컴퓨터를 다루는 것이든, 외국어든, 악기 연주든, 어떤 것이든 처음부터 잘하지는 못했을 것이다. 하지만 연습을 하다 보니 잘하게 되었을 것이다.

물론 연습 전에 배우겠다고 결정을 해야 한다. 여기서도 마찬가지다. 우선 이 방법들을 배우겠다고 결정을 하고, 잘될 때까지 연습을 해야 한다. 한번 해보고 "아, 잘 안 되는군."이라고 말하는 것은 성급한 일이다. 적용하려고 마음을 먹으면 비인격적 상태, 보호막, 멈춤 기법은 확실히 효과를 발휘한다. 사람마다 능숙해지기까지 걸리는 시간이 다르다. 어떤 사람은 타고난 재능이 있고, 어떤 사람은 시간이 더 많이 걸린다. 그러나 중요한 것은 마지막에는 이런 기법을 통해 삶이 훨씬 수월해진다는 것이다.

원한다면 상황에 초연할 수 있다. 더 이상 휘둘리지도, 위축되지도 않을 것이다. 그렇게 살아가면 주변 사람들도 당신의

어쩌할 바를 모르고
한순간 난감해지는 것은
아주 자연스러운 일이다.
이런 경우 더 이상 언급을
하지 말고, 일단 침묵하자.
그러고는 조용히 생각해볼 시간이
필요하다고 말하자.

평정심에 놀랄 것이다.

이런 능력을 통해 직장에서 새로운 임무를 맡을 수도 있다. 위기관리나 재해 대책과 관련한 부서를 이끌게 될지도 모른다. 어떤 자리를 제안받든 중요한 것은 이제 당신은 일단 멈추어서 "조용히 생각 좀 해볼게요."라고 말할 수 있게 되었다는 것이다.

거리를 두고 스스로를 보호하기

○ 비인격적 상태로 옮겨가라 ○

민감한 마음의 문을 의식적으로 닫자. 그럼으로써 다른 사람들의 기분과 정서가 직접 자신에게 전염되는 것을 막을 수 있다.

○ 보호막을 세우라 ○

이런 보호막은 추가적으로 다른 사람들의 감정과 거리를 둘 수 있게 하는 정신적 차단 장치다. 이를 통해 원래의 목표를 눈앞에서 잃지 않고, 다른 사람들의 기분에 말려들지 않을 수 있다.

○ 일단 멈추고, 반응 속도를 늦추라 ○

이상한 대화 패턴에 말려들지 않도록 주의하자. 대화가 이상하게 흘러서 공격당하거나 설득당하거나 답답한 상태가 된다면 곧장 반응을 중단하자. 작전타임을 갖고, 대답하기 전에 미리 생각을 해야 한다. 침묵을 하고 대화 상대로 하여금 가만히 기다리게 하자.

○ 생각할 시간을 요청하라 ○

막다른 골목이나 궁지에 몰린 것 같은 기분이 되면 일단 작전타임을 확보 하자. 쉽게 의견을 굽히거나 핏대를 올리지 말고 일단 이렇게 말하자.
"생각 좀 해보지요."
"생각할 시간이 필요하네요. 다시 연락드리겠습니다."
이로써 궁지에서 빠져나와 생각을 정리한 다음 결정을 내릴 수 있다.

3장

때로는 우리가 원하는 대로
일이 진행되지 않으며,
사람들도 우리 생각대로 행동하지 않는다.
살다 보면 그런 일이 많이 있다.
그것을 받아들일 수 있는가?

분노가 끓어오를 때
평정함을 선택하라

당신의 이성이
작별을 고할 때

　　분개하고 화를 내어야 정당한 경우가 있다고 생각하는가? 그것은 위험한 생각이다. 화는 스트레스가 되고 심한 경우 심근경색까지 유발할 수 있다. 화를 내는 게 마땅한 일들이 있다는 생각은 그르다. 우리는 흥분할 필요가 없다. 반드시 화를 내어야 하는 사건은 없다.

　　화를 내고 흥분하는 것은 무엇보다 자신의 영혼에 상처를 입히는 일이다. 그 어떤 방해도, 고장도, 사람도 우리 스스로를 괴롭힐 이유가 되지 못한다. 흥분하는 것은 해머로 스스로의 엄지손가락을 내리치는 것과 마찬가지로 무익한 일이다. 아프기만 하고 아무것도 좋아지지 않는다.

화내는 것도 마찬가지다. 화를 내면 고차원적인 사고 기능이 마비된다. 판단력, 문제 해결 능력, 조망 능력, 인내심, 내적 평온, 지혜, 유머가 다 사라져버린다. 화를 낼 때 우리는 멍청해진다. 멍청해질 뿐 아니라, 나아가 병이 든다. 심장 질환과 스트레스 질환의 대부분은 어떤 사건에 적절한 반응을 보이지 못함으로 발병하는 것들이다. 우리를 스트레스 받게 하고 병들게 하는 것은 사건 자체가 아니라, 사건에 반응하는 우리의 방식이기 때문이다.

이번 장에서는 어떻게 하면 사건에 흥분하거나 분개하지 않을 수 있는지, 또 걱정을 어떻게 끝낼 수 있는지 효과적인 방법을 소개하도록 하겠다. 당신은 분노와 화가 갑자기 우리를 덮치는 것이 아니라 단계적으로 형성된다는 것을 알게 될 것이다. 각각의 단계를 적시에 지각하면 그 과정을 중단시키고 흥분하거나 화내지 않을 수 있다.

신기한 것은 뜻밖의 (안 좋은) 일이 발생했을 때 우리가 정말 빠르게 이성을 포기해버린다는 것이다. 그리고 놀랍게도 우리가 그 순간 이성을 상실했다는 사실을 깨닫지 못한다. 아니, 그 반대일 수도 있다. 화가 난 나머지 우리가 옳고, 나머지 세계가 글러먹었다고 믿는다. 우리가 얼마나 쉽게 그런 상태로 들어갈 수 있는지

분노와 흥분은
당신을 바보로 만든다.
그리고 장기적으로
당신을 아프게 만든다.

를 내 경험을 통해 한번 살펴보자.

나는 보통 화가 나도 겉으로 큰 소리를 내지는 않는 타입이다. 화가 나면 속은 부글부글 끓는데도 겉으로는 굉장히 조용해진다.

사건은 세미나를 진행했던 회사의 인사부 직원이 내가 제출한 택시비 영수증은 비용 처리를 해줄 수 없다고 말한 데서 시작되었다. 나는 처음으로 이 회사와 함께 일을 했고, 모든 것이 무난하게 진행되었다. 세미나 참가자들은 좋은 반응을 보였고, 인사부장은 앞으로 계속해서 세미나를 진행해달라고 요청했다.

문제는 내가 회사에 택시비 영수증을 첨부하여 사례비를 청구했는데, 인사부 직원이 모든 비용을 처리해줄 수 있지만 택시비만은 비용 처리가 안 된다고 한 것이었다. 이상했다. 교통비도 전적으로 회사가 부담하기로 협의를 했었다. 게다가 내가 청구한 교통비는 그렇게 많은 금액이 아니었다. 기차 티켓 하나와 두 번의 택시 요금이 전부였고, 전체 사례비에 비하면 정말 사소한 금액이었다.

인사부 직원은 전화로 내게 다른 것들은 다 문제가 없는데, 택시비 때문에 일단 상사와 상의를 좀 해봐야 한다고 했다. 그 말에 나는 "네, 알았습니다. 상의해보고 다음 주에 다시 통화하죠."라고 말하고 전화를 끊었다. 나의 말투는 사무적이고 침착했다. 하지만 수화기를 놓자마자 슬슬 화가 치밀어 오르기 시작했다. 나는 정말 최선을 다해 양질의 세미나를 진행했다. 그런데 이 사람들이 얼마 되지 않는 택시비를 가지고 이렇게 쪼잔하게 굴다니! 이럴 수는 없다! 세미나 진행비와 호텔 숙박비 외에 교통비 일체를 부담한다고 내게 약속하지 않았던가. 나는 서면 계약서도 가지고 있기에, 여차하면 변호사에게 이 사안을 넘길 수도 있을 것이다. 하지만 이 무슨 말 같지도 않은 일이란 말인가!(사실 나는 욕도 했다. 그 욕설을 지면에 담기는 어렵다.)

화를 내면 이성은 슬쩍 작별을 고한다. 그리고 이때 우리 대부분은 자신이 이성을 잃었다는 사실을 깨닫지 못한다.

"난 절대적으로 옳아. 그런데 주변엔 순 멍청이들뿐이야."

이런 생각과 더불어 어리석어진다. 생각하면 할수록 더 화가 끓어올라서 나는 수화기를 들고 인사부 직원에게 전화를 걸어 냉랭한 말투로 이렇게 말했다.

"생각해보니 택시비는 안 받는 게 낫겠어요."

그 직원은 미안하다면서 아직 상사와 이야기를 못 했다며 자초지종을 설명하려 했다. 하지만 나는 그녀의 말을 끊고는 거의 친절하

> 화내고 분개하는 사람은
> 정신적으로 막다른 골목에 다다른다.
> 그로 인해 과잉 반응을 하는 것이다.

게 들릴 정도로 조용히 반복했다. 이제 그럴 필요는 없다. 난 택시비를 청구하지 않겠다. 계산서에서 택시비 항목을 삭제해 달라. 그녀는 약간 망설이는 듯하더니 다음 순간 흔쾌히 그러 겠노라고 대답했다.

"그럼 택시비는 처리하지 않는 걸로요."

"네, 그렇게 해주세요."

나는 이렇게 말하고는 전화를 끊었다. 그러고 나서 이제 올 것이 왔다. 속이 몹시 부글부글한 가운데 나는 맹세를 했다. 그 래, 이제 절대로 이 회사와 일을 하지 말아야지. 절대로 이런 멍청이들과 택시비를 놓고 왈가왈부하는 일은 하지 않을 거 야. 정말 이럴 필요가 없어. 나는 정말 좋은 세미나를 진행했는 데, 그런 작은 돈을 깎으려고 해?

알아채었는가? 여기에 모든 요소들이 다 들어 있다. 일단은 아주 사소한 일이라는 것. 화가 나고 흥분할 때 대부분은 그렇 다. 그리고 이런 사소한 것이 거대하게 부풀려져 지금까지 잘 해온 모든 것을 덮는다는 것. 이성은 작동을 중단한다.

그랬다. 나는 무슨 일인지 묻지 않았다. 이러이러하게 협의 를 했었다고 조곤조곤 이야기를 하지도 않았다. 자초지종을 묻지도 않고 그냥 경솔한 결정을 해버렸다. 화나고 흥분한 상 태에서는 흔히 저지르는 실수다. 나는 거의 변호사에게 문의하기 직전까지 갔다. 판단 능력을 잃은 상태에서는 그렇게 하기가 쉽다. 모든 주의를 택시 영수증으로 돌린다. 이 일이 해피엔드로 끝난 것은 나의 공적이 아니었다.

5일쯤 뒤에 인사부장이 내게 전화를 해서 세미나가 아주 좋았다며, 다음번에 또 참가하고 싶다는 문의가 많다고 했다. 그러면서 다음번 일정을 잡으려 했다.

나는 약간 애매한 말투로 사례비 계산에 약간의 문제들이 있었다고 짧게 말했다. 그러자 인사부장은 이미 다 알고 있었다면서 이렇게 말했다.

"아, 택시비에 대해 우리 직원이 문의를 했죠? 하지만 이미 모든 걸 처리했어요. 교통비를 포함한 사례비 전체를 이미 송금했습니다."

"네? 택시비도요?"

나는 당황해서 그렇게 물었다.

"물론이죠. 계약할 때 그렇게 협의했잖아요."

전화가 온 순간 속으로 건들기만 하면 싸울 태세를 갖추고 있었는데, 그 말을 듣자마자 그간의 불쾌한 기분은 씻은 듯이 사라져버렸다. 화와 분노가 다 물거품처럼 터져 사라져버렸다. 처음에 나와 전화를 했던 직원은 입사한 지 일주일밖에 안 되어 협의 사항을 알지 못한 상태였고, 별생각 없이 내게 이야기를 했던 것이다. 인사부장의 이런 설명에 '절대로 이 회사와는 일하지 않겠다.'던 맹세는 저절로 '이 회사와 또 일해야지.'" 하는 새로운 마음가짐으로 바뀌었다. 그리하여 결론은 '화내고 분개하는 것은 쓸데없는 짓이다.'라는 것이다.

그냥 넘겨짚지 말고 정보를 수집하자. 호기심을 잃어선 안 된다. 왜 그런 일이 있었는지 알아보고 그 일과 관계된 사람들과 이야기를 하자.

분노의 감정이
눈덩이처럼 불어날 때 _____

화내고 분개하는 것은 무좀만큼이나 쓸데없는 일이
다. 그러나 어떻게 우리는 이런 소용돌이에 빠지게 되는 걸까?
속에 있는 깊은 감정들을 밖으로 분출시키는 것이 좋다는 말
도 있는데, 과연 그럴까? 꼭 그렇지는 않다. 화는 우리 마음속
깊은 곳에서 나오는 것이 아니다. 그것은 머릿속에서 생겨난
다. 화는 사고 과정의 결과인 것이다. 어찌 보면 다행스런 일이
다. 화나는 것이 사고 과정에서 비롯된다면, 다른 사고 과정으
로 물꼬를 돌림으로써 평온을 유지할 수 있기 때문이다.

화내는 것도 결정이다. 화내고 성내는 일은 늘 조그만 것에
서 시작한다. 뭔가를 부정적으로 판단하는 것이 그 시작이다.

우리는 뭔가를 경험하거나 보거나 생각한다. 그러고 나서 "아, 짜증 나.", "말도 안 돼!", "제길!", "미쳤나 봐!"라고 생각한다. 이것이 화와 분노의 씨앗이 된다. 우리로 화나게 하는 것은 사건이 아니라, 그 사건에 대한 마음속 해석이다.

거칠고 상처 주는 말을 하며 실컷 화를 내고 나면 처음에는 후련하게 느껴질지도 모른다. 강한 사람이 된 것 같은 기분이 들 수도 있다. 그러나 그것은 진정으로 강한 것이 아니다. 사람이나 사건을 저주하고, 운전자나 사물에 욕설을 퍼붓는 것은 당신의 신경계만 들끓게 할 뿐이다.

_L. 마이클 홀 L. Michael Hall

하지만 부정적인 판단만으로는 아직 본격적으로 화가 나지는 않는다. 정말로 화가 나려면 중요한 점이 더해져야 한다. 바로 그것을 자신과 관련시키는 것이다. 자기 자신과 관련시켜 개인적으로 받아들이면 화가 난다.

새로 뽑은 자동차를 긁어서 칠을 벗겨놓다니! 이것이 그냥 안 좋은 일로 그치는 것이 아니라, 마치 자기 자신이 긁힘을 당한

불쾌한 일이 일어나면 '그냥 그런 일이 있었구나.' 하자. 화를 돋우는 생각으로 스스로를 밀어넣지 말자.

것처럼 엄청 속상한 일로 다가오는 것이다.

슈퍼마켓에서 줄을 서 있는데, 하필 자신이 선 줄이 제일 느리게 움직일 때, 우리는 속으로 '왜 이렇게 시간이 오래 걸린담. 대체 계산대는 왜 저렇게 소수로 돌리고 있는 거야?'라고 생각하며 마음이 불편해진다. 그런데 설상가상으로 누군가 우리 앞으로 새치기를 하면 '뭐야, 이 사람! 내가 그렇게 만만해 보여? 내가 호구인 줄 아는 거야, 뭐야?'라는 생각이 들며 마음속이 부글부글 끓어오르기 시작한다.

모든 흥분과 화는 부정적인 판단으로 시작하며 "내가 힘들잖아(아프잖아)!" 하는 외침을 속에 품고 있다. 그러나 이런 다친 마음은 잘 의식되지 않는 경우가 많다. 곧장 분노에 가려지기 때문이다. 분노의 감정은 눈덩이처럼 불어나고 거의 자기최면 상태가 된다.

"맙소사! 미쳤어! 누가 이런 말도 안 되는 일을 생각이나 했겠어."

"이렇게 계속되면 나는 정말 돌아버릴 거야!"

"난 못 해. 거기까지는 해줄 수가 없어."

"그렇게 해도 될 줄 생각하나 본데, 너희는 이미 끝났어. 본때를 보게 될 거야."

이런 문장은 화를 키우는 주문과도 같다. 이런 감정이 '난 왜 늘 이렇게 손해만 보고 살지?' 하는 일반적인 감정과 맞물리면 부아가 점점 더 치밀어 오르게 된다.

늘 손해 보고 불이익을 당한다는 생각이 있기에 화가 더 끓어오른다.

늘 당하고만 살았다는 생각, 늘 바보같이 살았다는 생각, 이런 생각들이 화를 더욱 돋운다. 감정의 눈덩이는 마구 굴러가고, 최면에서 깨어나 다른 방향으로 생각을 전환하지 못하는 사람은 이제 자신이 만든 눈사태의 희생자가 된다. 문제에 이성적으로 대처하는 것이 불가능한 상태가 되는 것이다. 그러므로 "이 일 때문에 화가 나!"라는 말은 틀리다. "이러이러한 일이 있다. 나는 그에 대해 화를 내기로 했다."라는 것이 맞다.

우리는 스스로를 설득하고, 내면의 자기 대화를 통해 스스로에게 최면을 건다. 일이 예상대로 돌아가지 않을 때 자신이 무슨 생각을 하는지 주의하자. 화가 난 사람들은 일이 이러이러하게 되어야 하고, 사람들이 이러이러하게 해야 한다고 목소리를 높인다. 화가 나면 상황을 있는 그대로 받아들이는 능력이 부족해진다.

감정의 눈덩이가 어떻게 불어나는지 다시 한번 각 단계를 살펴보자.

화는 이렇게 만들어진다

- **부정적인 판단을 내린다. 어떤 사건, 상황, 사람을 판단하기로**

결정한다. 당신이 보기에 뭔가가 나쁘거나, 싫거나, 불가능하다.

* 이런 판단을 자기 자신과 연관 지어 개인적으로 받아들인다. 거리를 두지 못함으로 말미암아 당신 혹은 당신 자신과 동일 시하는 것이 침해되었거나 상처 입었다고 믿는다.

* 화가 나면서 자기최면이 시작된다. 다른 사람들이 얼마나 비 열한지를 상상하고, 자신이 옳다고 생각한다. "그런 행동은 정말 싫어.", "절대로 용납할 수 없어!", "사람을 뭘로 보는 거지?", "나 같은 사람에겐 그래도 된다고 생각하는 거야?", "됐어. 앞으로는 더 이상 상대 안 해."라는 식으로 생각한다.

* 점점 부아가 치밀어 오른다. 덧붙여 큰 소리로 성을 내기라도 하면 주변 분위기도 험악하게 된다.

당신은 평정함을
선택할 수 있다

우리는 언제든지 눈덩이 굴리기를 중단할 수 있다. 필요한 것은 약간의 주의력이다. 스스로 방금 어떤 생각을 하고 있는지, 그러면서 화가 나거나 분이 치밀지는 않는지 주목해보자. 자신의 생각에 귀 기울여보자. 스스로에게 무슨 말을 하고 있는가? 무엇인가를 판단하고 있는가?

"미쳤어!"

"가만두지 않겠어!"

이러면서 자기최면을 통해 분노의 소용돌이로 스스로 들어가고 있지는 않는가?

그렇다면 결정을 내려야 한다. 계속 그렇게 진행할 것인가,

아니면 평온을 유지할 것인가? 머릿속에서 일어나는 일은 당신만이 결정할 수 있다.

물론 화내기로 결정할 수도 있다. 화내기를 원한다면 그것도 당신의 권리다. 그러나 평온을 유지하기로 결정할 수도 있고, 그 역시 당신의 권리다. 어떤 경험을 하고 싶은지 스스로 결정할 권한이 있다.

화를 내고 싶지 않다면 부정적인 판단을 내리는 데 신중을 기해야 한다. 어떤 사람이나 사건을 경솔하게 혹평하거나 비난하지 마라. 부정적인 판단은 평온을 흩뜨린다. 당신의 판단은 세상을 변화시키지 못하고 당신의 내면 상태만 변화시킬 따름이다. 마음은 부정적인 상태로 옮겨가게 되며, 부정적 감정이 눈덩이처럼 커지기 시작한다.

심장이 마구 뛰고, 주먹을 불끈 쥐고, 이를 악물고 속으로 욕과 저주의 말을 퍼붓게 되는 상태가 되면, 이미 눈사태가 당신을 덮친 것이나 매한가지다. 이때는 내면의 어마어마한 힘이 용솟음친다. 여기서 벗어나려면 이와 맞먹는, 더 강한 저항력이 필요하다.

다음 다섯 단계로 당신은 화가 눈덩이처럼 불어나 눈사태가 되는 일을 막을 수 있다.

| 화와 분노를 어떻게 피할까 |

▶ **힘 있게 새로운 결정을 내린다**

화내고 분개하는 일을 곧장 끝내기로 결심하자. "제길!", "말도 안 돼!" 같은 생각들을 멈추어야 한다. "아냐, 됐어. 평온하게 살래.", 또는 "스톱! 고요함을 유지하자!"와 같은 생각들이 도움이 된다.

▶ **흥분을 떨쳐버린다**

몇 번 심호흡을 하여 스트레스를 날려버리자. 어깨를 편안히 늘어뜨리고 신체를 이완시키자.

▶ **최면에서 깨어난다**

움직이자. 일어나서, 몸을 이리저리 흔들고, 계단을 오르내리는 것도 좋다. 화가 많이 날수록 이를 몰아내기 위해서는 더 격한 움직임이 필요하다.

▶ **이성을 다시 투입시킨다**

지금 당신이 흥분하는 일이 사실은 작은 일임을 상기하자. 살아오면서 여태껏 다른 많은 일들에 꽤 너끈하게 잘 대처해오지 않았던가. 혈관에 용솟음치는 힘을 느껴보길 바란

다. 일단 진정이 되면 유머와 경험에서 나온 지혜를 동원해
그 일에 대처해보자.

▶ **두고두고 곱씹지 않는다**
다 끝난 다음에 그 일을 곱씹지 않도록 조심하자. 되새김질
하다 보면 금방 다시 화가 치밀어 오른다. 과거는 뒤로 흘려
보내자. 좋아하는 것, 미소를 지을 수 있는 것에 주의를 돌리
는 편이 더 낫다.

이렇게 다섯 단계로 분노와 흥분의 소용돌이에 빠져드는
일을 막을 수 있다. 마음이 불편하고 화가 나 있는 동안 생각
은 계속해서 흥분되는 사건 주위를 맴돈다. 거리를 두기 위해
서는 주의를 다른 방향으로 돌리는 것이 중요하다. 하늘에 떠
있는 구름을 올려다본다든지, 달콤한 추억을 떠올린다든지….
요는 다른 생각으로 옮겨가는 것이다.

....

지혜로운 사람들은 기쁨과 고통이 모두 마음에 달려 있음을 안다.

_라마 조파 린포체Lama Zopa Rinpoche

....

많은 사람들은 자신의 인생에서 진정
으로 중요한 것들을 떠올리며 금세 잠잠
해진다. 한 세미나 참가자는 어린 딸을
생각하면 흥분을 쉽게 가라앉힐 수 있다
고 말했다.

"나는 보통은 아주 이성적인 인간이에요. 하지만 딸이 태어
났을 때 그 갓난아기를 안은 채 할 말을 잊고 기쁨의 눈물을 흘
리던 생각을 하면 인생에서 중요한 것이 무엇인지가 분명해져
요. '이 일이 내가 지금 발끈할 만큼 중요한 것일까?' 하는 생각
이 들지요."

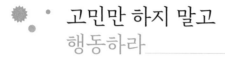

고민만 하지 말고
행동하라

　　걱정은 화와 분노만큼이나 스스로를 상하게 한다. 우리는 걱정으로 우리 스스로를 갉아먹고 에너지를 소진시킨다. 걱정을 할 때 대개 우리는 상상력이라는 특별한 재능을 활용한다. 상상력은 그 자체로는 굉장히 가치 있는 능력이다. 하지만 유감스럽게도 걱정을 하는 것은 그 능력을 유익하게 투입하지 못하는 경우다. 걱정을 할 때 우리는 원치 않는 무언가를 상상한다. 그리고 부정적인 것에 주의를 기울인다.

　걱정하는 것은 일종의 멘털 트레이닝이다. 운동선수들은 경기에서 최고의 능력을 발휘하기 위해 멘털 트레이닝을 활용한다고 한다. 경기를 하기 전에 동작을 하나씩 떠올려본다거나,

어떻게 상대편을 제압할 수 있는 지 속으로 이미지화해 본다.

> 걱정을 하는 것은 상상력을 남용하는 것이다.

걱정할 때 우리 역시 멘털 트레이닝을 한다. 다만 걱정은 패배 혹은 손실에 집중하는 멘털 트레이닝이다. 그리하여 최고의 능력을 발휘하는 대신, 두려움과 겁에 사로잡힌다.

걱정 속에는 능동적 에너지가 억압되어 있다. 능동적으로 행동하는 것이 더 나은 많은 경우에 우리는 수동적인 태도로 걱정만 한다.

내게 개인적인 조언을 요청했던 한 남성도 그런 편이었다. 그는 회사가 비용을 줄이기 위해 그가 근무하는 지점을 폐쇄할 것이라는 소식을 들었다. 처음에는 소문에 불과했지만, 얼마 안 가 6개월 뒤에 문을 닫을 것이라는 구체적인 일정이 공지되었다.

이때부터 이 남성은 걱정을 하기 시작했다. 나는 다른 지점으로 옮겨가게 될까? 그렇다면 어디로 가게 될까? 하던 업무는 계속할 수 있을까? 아니면 다른 업무에 투입되어야 할까? 어떤 동료들하고 함께 일하게 될까? 어떤 상사 아래로 배속될까? 얼마나 먼 곳으로 가게 될까? 출퇴근이 너무 힘들어

> 걱정은 지금 존재하지 않는 시간에 대한 부정적인 생각이다. 걱정을 끝내려면 현재로 돌아오기만 하면 된다.

지지는 않을까? 회사가 인원 감축을 하는 과정에서 나도 해고 당하는 건 아닐까?

그는 이런저런 생각으로 밤에 잠을 이루지 못하다가 나를 찾아왔다. 우리는 이런 걱정을 쉽게 끝낼 수 있었다. 약간의 능동적인 행동으로 말이다. 나는 그에게 회사가 어떤 계획을 가지고 있는지 여기저기 좀 알아보라고 조언했다. 수동적인 태도로 가만히 있지 말고, 능동적으로 자신의 바람을 표현하라고 했다. 그가 회사에서 어떤 일을 하고 싶은지, 지금의 지점보다 더 좋은 일자리를 상상할 수 있는지, 자신의 소망을 누구와 상의할 수 있는지를 물었다.

그러자 그는 용기를 내어 능동적인 태도로 알아보기 시작했고, 회사 내의 변화를 자기에게 도움이 되는 쪽으로 활용할 수 있었다. 그로써 걱정도 사라졌다.

걱정을 하고 있다면, 우선은 그와 관련하여 구체적으로 무엇을 할 수 있는지 점검해보자. 가령 정보를 구해야 할지, 아니면 전문가나 관계자와 상의를 해봐야 할지⋯. 걱정하는 주제에 관한 책을 구해 읽는 것이 도움이 될 수도 있다.

그리고 나서는 원하는 것, 바람직한 것을 더 열심히 하자. 걱정하는 일이 어떻게 되었으면 하는가? 걱정하는 일이 생기지 않도록 무엇을 할 수 있을까?

걱정하는 상태는 행동력에 브레이크가 걸린 상태다. 고민하는 대신 행동하자.

주변 상황이 변할 때, 이를 더 좋은 쪽으로 나아가는 변화의 기회로 삼을 수도 있다. 그냥 앉아 기다리는 대신 자신의 소망과 목표를 분명히 하는 계기로 만들어야 한다.

걱정의 배후에 있는
두려움과 직면하라

　　직장을 그만두고 자신의 일을 시작한 사람들은 최소한 초기에는 그 일로 생계를 유지할 수 있을지 걱정하고 근심하는 시기를 통과하기 마련이다. 나 역시 독립했을 때 낙관적이기만 했던 것은 아니다. 굉장히 흔들렸다. 낮에는 바쁘고 정신없어서 고민할 시간이 없었다. 하지만 저녁이 되면 슬슬 내 안의 재정부 장관이 우려 섞인 목소리를 내기 시작했다. 마음 한구석에서 일이 잘 안 되어 쫄딱 망하면 어떻게 할까 하는 걱정이 치고 올라왔다. 이제 고정 급여는 끊겼고, 모아두었던 돈은 사무실 집기를 마련하고 컴퓨터를 구입하는 데 다 들어갔으며 아직 돈이 될 만한 일은 맡지 못한 상태….

내 안의 재정부 장관은 이제 어떻게 생활비를 마련할 거냐고 물었다. 집세와 의료보험료는 어떻게 할 것이며, 먹을 것, 입을 것에도 돈이 만만치 않게 들어갈 텐데 어쩔 거냐고…. 모든 지출 항목들이 내 머릿속을 맴돌았고, 몇몇 자잘한 일 외에는 숭숭 비어 있는 나의 일정 캘린더의 잔상이 그 위에 드리워졌다.

용감하게 독립을 하다니, 크나큰 실수를 저지른 것일까? 생각대로 되지 않으면 어떻게 할까? 그러면 일단 사무실을 내놓고, 집기들과 새 컴퓨터를 다시 팔아 치워야 할 것이다. 하지만 이것들은 이미 중고 물건이 되어, 돈을 얼마 받지 못할 텐데? 중고 사무용 가구에 값을 얼마나 많이 쳐줄까? 일이 잘 안 되면 지금 사는 집 월세는 얼마나 더 감당할 수 있을까? 이러다 거리로 나앉게 되는 거 아냐? 맙소사! 내가 무슨 일을 감행한 거지?

독립하고 나서 얼마간 이런 고민들이 엄습하여 공포가 밀려오고, 자다가도 벌떡벌떡 일어났다.

그동안 익숙했던 직장이나 인간관계를 떠나면, 두려움이 엄습할 수 있다. 종종 걱정하는 모습을 통해 자신의 두려움을 간접적으로 인지할 수도 있다. 그렇다면 일어날 수 있는 최악의 일이 무엇인지를 물어보자. 두려움의 근원과 직접 대면할 수 있을 것이다.

걱정의 배후에 있는 두려움과 직접 대면하라

- 어떤 사건이 가장 두려운가? 일어날 수 있는 최악의 일은 무엇일까?
- 정말로 그 일이 일어날 가능성은 얼마나 높을까?
- 그 최악의 일이 나의 삶과 일상을 얼마나 바꾸어놓을까?
- 최악의 일이 미칠 영향을 줄이거나 막기 위해 내가 지금 할 수 있는 일은 무엇일까?

당시 두 가지 것이 내게 도움을 주었다. 첫 번째는 나와 비슷한 경험을 했던 사람들과 더불어 걱정을 공유하면서 허심탄회하게 웃을 수 있었다. 그들은 내게 과거 자신들이 나처럼 얼마나 걱정의 밤을 보내곤 했는지 경험담을 들려주었고, 나는 나 혼자만 이러는 것이 아니라는 생각에 약간 안도했다.

두 번째로는 현 상황에 대한 정확한 헤아림이 도움이 되었다. 나는 모든 지출과 수입, 보험료, 세금, 저축액을 꼼꼼히 적어보았다. 그리고 절대적으로 필요하지 않은 지출은 뒷전으로 미루고, 최악의 상황을 대비해 여유 자금을 좀 확보해놓고자 했다. 이렇게 속으로 모든 가능성을 세심하게 조율해볼수록 점점 더 마음이 차분해졌다.

걱정이 기승을 부릴 때마다 나는 거의 매일 저녁 다시 새롭게 상황을 점검하고 계산을 했다. 그러면서 차츰 상황에 대처

할 수 있겠다는 자신감이 생겼
다. 나는 정상적으로 일을 수주
하는 상황에서부터 완전히 파산

하는 상황까지 다양한 상황을 상정해보았다. 그리고 각 상황
에 어느 정도의 여유 자금을 확보할 수 있을지, 내가 얼마나
오래 버틸 수 있을지를 확인했다.

　그러자 돈이 너무 없다는 막연한 두려움은 사라지고, 위험
성을 조망할 수 있게 되었다. 2월쯤에, 여전히 그해 11월에 어
떻게 먹고살지 가늠하지 못하는 상황이었지만, 서서히 일들이
들어오기 시작했다. 진행했던 세미나가 새로운 세미나로 연결
되었고, 일이 끊이지 않고 들어왔다. 지금 나는 당시의 모든 걱
정이 쓸데없었다는 걸 알고 있다. 하지만 걱정을 세심함과 신
중함으로 바꿀 수 있음을 배웠다.

걱정을 몰아내고
현재에 집중하라 _____

걱정이 습관이 되면 우리는 늘 같은 생각의 원을 맴돈다. 원을 맴돌 때마다 우리 마음속에서는 원이 더 깊숙이 파인다. 고랑이 깊어지면 새로운 생각도 자동적으로 그 고랑으로 미끄러져 들어간다.

걱정을 할 때 우리는 문제의 해결책보다는 문제 자체에 주목한다. 가능한 것, 좋은 것에 눈을 돌리기보다는 힘든 것, 안 되는 것에 몰입한다. 이런 생각을 계속 반복하다 보면, 걱정은 우리의 생각과 감정에 더 깊숙이 파고든다. 두뇌에서 일종의 다져진 길이 생겨나고, 생각이 저절로 그 궤도로 미끄러져 들어간다. 그렇게 우리는 불행한 상상을 끊임없이 새롭게 돌린다.

걱정의 궤도를 도는 것을 중단시키려면 생각을 조절하는 것이 중요하다. 이를 위해 실전에서 입증된 세 가지 방법을 소개하겠다.

│ 걱정에서 해방되기 │

▶ **걱정 시간을 미리 정해놓는다**

밤낮으로 걱정에 시달리지 않도록 걱정 시간을 정해놓는 것도 좋은 방법이다. 하루 한 번 제한된 시간에만 걱정을 하기로 정하자. 가령 밤 9시에서 9시 10분까지 10분간 걱정을 하기로 한다든지 말이다.

▶ **걱정거리를 기록한다**

걱정 시간이 아닌데도 자꾸 걱정이 불쑥불쑥 고개를 내민다면, 종이와 펜을 꺼내 걱정거리를 정확히 기록해보자. 마음에 있는 것들을 표현하고 점차 그것들과 거리를 취하기 위해 걱정거리를 기록하는 것은 검증된 방법이다. 튜브에서 치약을 꽉 눌러 짜는 것과 비슷하다. 일단 이렇게 밖으로 내놓으면 더 이상 머릿속에 다져진 궤도에서 계속해서 걱정을 돌리고 있을 필요가 없게 된다. 어떤 걱정이 있는지 상기하고 싶으면 기록해놓은 것을 보면 된다. 두려움을 구체적으로 꼼꼼히 기록하자. 구체적으로 말로 표현하고 기록한 걱정들은 상당 부분 마음에서 떠나간다.

▶ **능동적으로 대처하거나 떨쳐버린다**

걱정에서 해방되기 위한 가장 중요한 걸음은 의식적으로 행동을 하거나 의식적으로 떨쳐버리는 것이다. 신발 속에 모래가 들어가면 어떻게 하는가? 잠시 신발을 벗고 모래를 털어버릴 것이다. 생각하고 숙고하고 절망하는 것은 아무것도 변화시키지 못한다. 행동만이 불편한 압박을 끝낼 수 있다. 걱정되는 일이 일어날 위험을 줄이기 위해 예방적으로 할 수 있는 것이 있다면 그것을 해야 한다. 지금으로서는 구체적으로 아무것도 할 수 없는 걱정이 있다면, 그냥 내려놓아야 한다. 자꾸 미래로 날아가지 말고, 이 순간에 충실하자. 현재에 발을 붙이자. 자꾸 미래를 그리게 된다면, 원치 않는 부정적인 미래가 아닌, 바라고 앙망하는 긍정적 미래를 그려야 한다. 어떤 생각을 할 것인가는 늘 당신의 선택이다.

고집스런 걱정들은 밖으로 내어놓으면 한결 누그러진다. 걱정을 꼼꼼히 기록하거나 그림으로 그려보자. 당신을 짓누르는 감정을 표현할 때마다, 그것과 거리가 생겨난다. 거리는 걱정에서 해방되는 첫걸음이다.

당신은 이제 걱정을 완전히 떨쳐버릴 수 있다. 모든 걱정스런 생각을 중단하자. 현재에 집중하자. 주변을 돌아보며, 당신의 눈에 아름답게 다가오는 것들을 발견하는 것이다. 일상의 소리에 귀를 기울이고, 신체의 힘을 느껴보자. 공기를 처음 발견한 것처럼 심호흡을 해보자.

화, 분노, 걱정이 불어나거나 장기화되면 마음이 조금 힘든 것으로 그치지 않는다. 그것들이 너무 커지면 심신이 지치고, 말 그대로 병이 생긴다. 화와 분노와 걱정을 몰아내면, 자동적으로 두 가지 소중한 선물이 주어진다. 바로 평정심과 더 많은 에너지다. 지고 있던 짐을 내려놨기에 삶은 더 수월해진다.

지금까지 흥분도 잘하고, 화도 잘 내고, 걱정도 많이 하며 살았다면 당신은 열정적인 사람이 틀림없다. 속에 에너지가 많은 사람이다. 이제 어떻게 하면 에너지 낭비를 막을 수 있는지 알게 되었으니 더 이상 화나 분노, 걱정으로 에너지 낭비를 하지 마라. 남는 에너지를 어디에 쓸까? 내가 다 궁금하다.

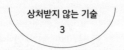

분노와 걱정에서 벗어나기

◦ 판단을 중단하라 ◦

감정의 눈덩이를 불어나게 하는 첫 단계가 바로 부정적인 판단이다. 그러므로 '제길!', '미쳤어!'와 같은 부정적 판단들을 중단하자.

◦ 화와 분을 떨쳐버리라 ◦

몇 번의 심호흡으로 스트레스를 날려버릴 수 있다. 주변을 한 바퀴 돌고 오는 등 일부러 몸을 움직여주자. 화가 많이 났을수록 몸을 많이 움직여주어야 화가 날아간다.

◦ 이성을 다시금 투입하라 ◦

흥분하게 만든 일이 크게 보면 별일 아님을 상기하자. 혈관을 통해 맥동하는 기운을 느끼자. 진정이 되면 예전에 잘 극복했던 경험들을 떠올리며 상황에 되도록 유머러스하게 대처하자.

◦ 걱정 시간을 정해놓으라 ◦

하루에 몇 분을 걱정에 할애할지, 정확히 몇 시부터 몇 시까지 그렇게 할지를 정해놓는다. 걱정 시간에 현재의 걱정거리를 기록해보자. 글로 적어두면 걱정거리들을 더 이상 머릿속에 담고 있을 필요가 없다.

○ 행동 계획을 세우라 ○

두려움에 구체적으로 어떻게 대처할 수 있을까? 계속 고민만 하지 말고 구체적인 행동 계획을 세워보자.

○ 내려놓으라 ○

아무것도 할 수 있는 것이 없다면, 마음을 편히 가지고 내려놓는 것도 방법이다. 나중을 생각하지 말자. 오로지 현재에 주의를 집중하자.

4장

누가 당신을 부적절하게 비난하면,
마음속에서 한 걸음 뒤로 물러나 무엇이 당신의 일이고,
무엇이 상대의 일인지 생각을 명확히 정리해보자.
그러고는 거리를 두자.
상대는 자신의 의견이나 불쾌함을 표현할 권한이 있다.
그러나 당신이 꼭 그것에 부응할 의무는 없다.

부당한 비난에 상처받지 않도록
자신의 왕국을 지켜라

유용한 비판을
어떻게 알아챌까 _____

비판은 꽤나 까다로운 주제다. 비판이라고 이름 붙인 모든 것이 건설적인 비판은 아니기 때문이다. 비판이라는 이름을 단 비난인 경우가 많다.

어느 기업체 부장이 내게 물었다.

"객관적인 비판은 가능한 거 아니에요?"

"가능하지요. 직원들에게 뭐라고 했는데요?"

내 질문에 그는 이렇게 말했다.

"제 말 좀 들어보세요. 그러니까 어떤 직원이 일을 엉망으로 했어요. 그러면 따끔한 지적을 받아도 감수를 해야지요. 듣기 싫은 소리도 약으로 알아들어야 하는 거 아니에요?"

"이해해요. 하지만 그런 식으로는 통하지 않아요."

그런 종류의 지적은 (건설적인) 비판이라 부를 수 없다. 업무가 껄끄럽게 진행되었다고 기분이 상한 나머지 그 불쾌감을 '담당자'에게 푸는 것을 비판이라 할 수 있을까? 담당자에게 잘못을 지적하고 힐책하고 꾸짖는 것은 비판이 아니다. 일을 이렇게 하면 어떻게 하냐며 한탄하고 탄식하는 것도 비판이 아니다. 진정한 비판은 비판받는 사람에게 소중한 선물이다. 좋은 비판은 새롭고 더 나은 길을 제시하며, 바람직한 것과 그렇지 않은 것을 구분해준다.

효과적인 비판은 늘 당사자에 대한 절대적인 존중을 동반하며, 비판받는 사람을 풍요롭게 한다. 상대를 존중하지 않는 상태에서 행해지는 비판은 공격 혹은 무시처럼 들린다. 그런 경우 '비판을 받는' 사람은 속으로 거부감을 느끼고, 방어 자세를 취하며, 마음의 빗장을 닫아건다. 그냥 그렇게 마음으로만 거부할 수도 있다. 그러나 더 안 좋은 경우, 비판을 받은 사람이 가만히 있지 않고 반격을 할 것이다.

반대로 당신이 비판을 받는 입장에 처했다면 이것이 좋은 비판인지, 아니면 상대가 단지 불만을 표출하는 것인지 세심하게 점검하는 것이 중요하다.

비판을 점검해보자. 진정성 있는 비판인지, 아니면 비판자가 단지 자신의 불쾌감만 쏟아내려는 것인지를 규명하는 질문을 던져보자.

"여기서 정확히 마음에 안 드는 것이 무엇이죠?"

"내가 어떻게 하면 더 좋았을 것 같은가요?"

"당신이라면 어떻게 했을까요?"

이것은 비판자의 협력을 구하는 질문들이다.

나는 건설적인 비판을 굉장히 소중하게 여긴다. 그래서 몇몇 사람들에게 내 텍스트나 세미나 자료를 미리 읽어보게끔 하고, 이 일을 위해 비용까지 지불한다. 내 일을 더 잘해나가고 싶은데, 이를 위해서는 지혜로운 사람들의 피드백이 필요하기 때문이다. 또한 세미나를 들은 사람들이 비판적인 시선으로 세미나에 대한 소감을 이야기해주면 너무나 감사하다. 이런 비판을 통해 나는 많은 것들을 배웠고, 효과가 없는 것들은 빼버리면서 세미나를 개선시켰다.

커뮤니케이션 및 심리 관련 상담과 트레이닝을 하고 책 쓰는 일이 이만큼 가능했던 것은 모두 외부의 피드백 덕분이었다. 물론 내가 모든 사람의 비판을 받아들이는 것은 아니다. 내겐 비판자를 선별할 권리가 있다. 유용한 비판자와 무용한 비판자를 선별하는 명확한 기준이 있다.

> 좋은 비판을 감지하는 기준은 비난이나 책임 전가 없이 인격적으로 존중하고, 상대가 이해할 수 있도록 정확히 언급하는가 하는 것이다.

좋은 비판자는 이런 사람들이다

- 해당 사안에 진정한 관심이 있으며 당신에게 호의를 가진 사람들이다. 시기심이나 악의가 있는 사람들은 비판자로 부적합하다.
- 해당 사안에 대해 잘 아는 전문가들이다. 또 당신의 상품이나 서비스를 구매하거나 활용하는 사람들도 개선을 위한 좋은 제안을 해줄 수 있다.
- 어떤 부분을 더 개선하면 좋겠는지 쉽고 정확하게 말해주는 사람들이다.

비판의 기술은 좀 부족하지만 유용한 이야기를 해주는 사람들도 있다. 그러므로 기분 나쁜 투로 말하더라도 조용히 들은 다음 나중에 전체 이야기를 추려보는 것이 좋다. 일단 사무적으로 "고마워요. 말씀해주신 것들에 대해 생각해볼게요."라고 하자.

비판을 받는 사람은 언제, 어디서 그런 이야기를 들을 것인지 결정할 권리가 있다. 작은 일이야 오가며 마주쳤을 때 이야기할 수 있겠지만, 중요한 사안이라면 대화를 나눌 조건이 조성되어야 한다. 문을 닫고 둘만 있는 자리에서 서로 마주 앉을 수 있는 시간을 내야 한다.

무엇보다 비판을 듣게 될 사람이 우선 결정해야 할 사항이 있다. 그것은 해당 사안과 관련하여 스스로 비판을 새겨들을 마음이 있는가 하는 것이다. 이는 타인이 상관하지 말아야 할 사안들이 있기 때문이다.

건설적인 비판이 이루어지려면 비판을 하는 사람과 듣는 사람 모두 시간적 여유와 정신적 여유가 있어야 한다. 비판을 듣게 될 사람이 집중해서 이야기를 들을 수 있는가, 아니면 마음이 산란한 상태인가? 비판하는 사람은 진정한 대화를 할 시간적 여유가 있는가? 이런 조건이 갖추어지지 않은 비판은 역효과를 부른다.

자신의 왕국을
방어하라

나는 세미나에서 비판자 자체가 문제인 경우들을
많이 보았다. 율리아의 경우도 그랬다. 율리아는 운전을 잘한
다. 그러나 남편을 옆에 태웠을 때는 운전이 어려워지기 시작
한다. 남편은 율리아가 운전을 하면서 내리는 거의 모든 결정
에 대해 핀잔을 준다. 느리게 가면 느리게 간다고 타박, 빨리
가면 빨리 간다고 타박이다. 어떤 때는 백미러를 충분히 안 본
다고 타박이고, 어떤 때는 앞을 충분히 안 본다고 타박이다.

이미 말했듯이 율리아는 운전을 잘할 수 있다. 하지만 남편
옆에서는 말 그대로 안절부절못한다. 시간이 지날수록 더 불
안해진다. 그렇다면 남편이 비판 방법을 개선해야 할까? 타박

하지 말고 조곤조곤 말해야 할까? 그렇지 않다. 문제는 율리아의 운전 실력이 아니다. 불안해서 시시콜콜 간섭하는 남편이 바로 문제다.

율리아에게 필요한 것은 남편을 상대로 선을 분명히 긋는 것이다. 남편은 그와 무관한 일에 자꾸 개입하고 있다. 차를 어떻게 몰 것인지는 운전대를 잡은 사람이 알아서 해야 하는 일이기 때문이다. 운전자의 운전 스타일이 마음에 들지 않는다면 택시를 타고 가면 될 일이다. 조수석에 앉은 사람은 지도를 봐주거나 사탕이나 초콜릿을 까서 운전자의 입에 넣어주면 그만이다. 운전자는 한 사람이면 족하다.

그러므로 율리아는 운전대를 자신이 잡은 이상 자신이 알아서 운전을 하겠다는 뜻을 똑똑히 알리고 남편의 행동에 선을 그어줄 필요가 있다. "나를 비판하지 마라. 나를 핀잔주거나 타박하지도 마라. 그것은 당신의 권한이 아니다."라고 말이다.

물론 그 일이 구체적으로 어떤 모습으로 이루어질지는 남편과 아내의 성격에 따라 달라질 것이다. 경우에 따라서는 약간 강하게 밀고 나가 또 끼어들면 갓길에 차를 세우고 내리라고 엄포를 놓는 것이 필요할 수도 있다.

정당한 비판인가, 아니면 '내정 간섭'인가?

> 스스로 확신이 있어야 경계를 그을 수 있다. 우선 다른 사람이 상관하지 말아야 할 부분이 어떤 부분인지 정하고, 흥분하지 말고 이런 경계를 일관성 있게 주장하자.

토머스도 이 질문 앞에 섰다. 토머스는 늘 아버지로부터 잔소리를 들어야 했다. 아버지의 뒤를 이어 법조인의 길을 가지 않았다는 이유에서였다. 아버지는 아들이 자신의 법률 사무소를 이어 받기를 바랐으나, 토머스는 자신의 스포츠 스쿨을 오픈했고 이 일에 전반적으로 만족하고 있었다.

그러나 가족 모임이 있을 때마다 아버지는 아들의 일에 대해 빈정거렸다. 아들이 사람들에게 '껑충껑충 뛰어다니는' 것을 가르치고, 사람들이 땀 흘리는 것을 통해 돈을 번다며 웃긴다고 했다. 이것이 진지하게 받아들여야 할 정당한 비판일까? 그렇지 않다. 여기서는 또다시 비판과 '내정 간섭'을 구분하는 것이 중요하다.

당신이 무슨 직업을 갖고, 어떻게 살아갈지, 어떤 옷을 입을지, 여가 시간에 무엇을 할지는 당신 자신이 결정할 영역이다. 이런 영역에서는 당신이 왕이고, 당신이 직접 다스려야 한다. 자녀가 성인이 된 다음이라면, 자녀와 부모는 각자 자신의 일을 알아서 하면 된다.

자신의 일은 자신이 알아서 하고,
남의 일은 남이 알아서 하도록 존중하자.
특히 가까운 사람에 대해 간섭하지 않도록 조심하자.
프라이버시를 존중할 때만이 좋은 관계를 유지할 수 있고,
우정이 꽃필 수 있다.

자신의 영토에
경계 설정을 하라

　　자신의 경계를 명확히 하는 것은 다른 사람들과 잘 지내는 데 도움을 준다. 각자가 어떻게 살아갈지를 스스로 결정하고, 그 결정에 책임을 져야 한다. 상처받지 않기 위해서는 명확한 선을 그어 자신의 영토를 수호해야 한다. 스스로 결정할 일들이 있으며, 이 부분에서는 누구도 허락 없이 끼어들어서는 안 된다.

　　물론 다른 사람들이 의견을 표명하는 것을 막을 수는 없다. 하지만 그것은 비판이 아니라, 그저 의견 표명일 따름이다. 우리 모두는 본인이 원하는 대로 생각하고 말할 수 있다. 하지만 자신의 인생을 결정하는 것은 자기 자신이다.

때로는 경계를 명확히 표시하는 것이 자신과 주변 사람 모두에게 편하다. 다른 사람들의 간섭이 성가시고 불쾌할 때는 특히나 그렇다. 다른 사람들이 당신의 일에 간섭할 때 공격적인 태도로 나가거나 싸울 필요는 없다. 상대의 의견을 한 귀로 듣고 한 귀로 흘려버리는 걸로 충분하다. "당신 의견은 그렇군요. 알겠습니다."라고 말하고 한켠으로 치워버리면 된다. 약간 더 공손한 인상을 주려면 "심사숙고해볼게요."라고 덧붙이면 된다. 그런 다음 그 사람의 의견을 날려버리면 된다. 이것이 간섭을 막는 가장 간단한 방법이다. 원치 않는다면 말을 섞지 마라. 상대방과 공연한 논쟁을 하지 말라는 것이다.

토머스의 경우는 아버지의 호의만큼은 감사하게 생각해야 할 것이다. 대부분의 부모가 성인 자녀들을 비판하는 것은 악의에서가 아니라 삶의 기준이 달라서다. 그러므로 토머스는 아버지에게 "저를 생각해서 하시는 말씀이라는 건 알아요. 하지만 저는 제 일에 만족해요."라고 분명히 말하면 좋을 것이다. 아버지를 상대로 스포츠 스쿨을 운영하는 일이 얼마나 멋진 것이며, 변호사 사무실 일이 얼마나 지루한지를 설득하려 할 필요는 없다. 사람은 제각기

> 모든 비판은 무엇보다 비판자의 기준과 잣대로 이루어진다. 그가 무엇이 옳고, 무엇이 그르다고 생각하는지를 이야기하는 것이다. 그것이 당신의 기준과 잣대에 맞는지를 점검하라. 다른 사람의 잣대를 그대로 받아들일 필요는 없다.

의견이 다르다. 자신이 좋을 대로 생각하고, 모두가 자신의 영역을 책임지면 된다.

요청하지 않은 비판이나 간섭을 가볍게 무시하고 싶다면 이렇게 말해보자.

"아, 그것이 당신의 의견이군요. 생각해볼게요."

"흥미로운 시각이네요. 한번 고려해보죠."

"우아, 그렇게도 볼 수 있군요."

이걸로 끝내자. 더 이상 이야기할 필요가 없다.

다른 사람이 간섭하는 것이 싫다면 자신의 의사소통 패턴을 한번 점검해보는 것도 중요하다. 당신 스스로가 다른 사람의 간섭을 조장하고 있을지도 모르기 때문이다. 우리가 불안하거나 어찌할 바를 모를 때 무의식중에 이런 일이 일어날 수 있다. 당신이 불안한 태도를 보이면 다른 사람은 마치 당신이 "도움이 필요해요. 간섭해주세요."라고 써 붙인 티셔츠를 입은 것과 비슷하게 느낀다. 이런 태도는 특히나 헬퍼 타입이나 오지랖이 넓은 사람들을 끌어당긴다. 그래서 당신은 "아냐, 넌 진짜 잘못하고 있어. 완전히 다르게 해야 해."라는 식의 충고를 듣게 된다.

물론 살다 보면 불안하고 때로 어찌할 바를 모를 때가 있다. 이것은 자연스러운 일이다. 이런 경우 달갑지 않은 간섭을 피하려면 어떻게 해야 할까? 좋은 방법이 있다. 당신이 신뢰하는 사람에게 목적 지향적으로 조언을 부탁하라. 주도권을 잡고, 불안에 자신 있게 대처하는 모습을 보여주는 것이다. 그러면 주변 사람들은 당신이 헷갈리고 있기는 하지만, 동시에 주관 있고 강한 사람임을 느끼게 된다.

헷갈리고 확신이 없을 때에도 평정심을 발휘해야 한다. 일단 다른 사람들의 충고를 듣고 그것에 감사하자. 그러나 모든 사람 앞에서 결정을 내리는 주체는 당신 자신임을 분명히 해야 한다. 사람들이 "넌 무조건 …하게 해야 해."라는 말로 압박을 하면 약간 사무적인 태도를 보이는 게 좋다. 잠시 멈추고 평정심을 보여주는 가장 유명한 문장으로 대답하자.

"생각해보겠습니다."

실수에 대한
건강한 시각이 필요하다 _____

비판으로 말미암아 상처받지 않기 위해서는 실수와 잘못에 대한 건강한 시각이 필요하다. 실수를 자신감 있고 자연스럽게 대하지 못하는 사람은 늘 비판받을까 봐 두려워한다. 우리 대부분은 어린 시절에 실수하면 창피하고, 죄책감을 느끼며, 때로는 벌을 받는다는 것을 배웠다.

"그릇을 깨뜨리면 어떻게 해? 정신 차리지 못해? 대신 오늘 저녁은 굶도록 해!"

이런 식의 말을 들었다. 그러다 보니 자신감이 없는 사람은 실수를 숨기거나 다른 사람 핑계를 댄다. 그러나 실수에 자신감 있게 대처할 수 있는 사람은 상처를 별로 받지 않는다. 상처받을 것이냐 아니냐는 내면의 자세 문제인 것이다.

실수에 자신감 있게 대처하는 것이 어떤 것인지를 나는 아마추어를 위한 연기 수업을 받으면서 인상 깊게 배웠다. 우리의 연기 선생님은 수강생들의 의욕을 상당히 북돋우는 사람이었다. 수업은 발성 및 발음 연습과 신체 훈련으로 이루어졌는데, 가장 힘든 것은 신체 훈련 중 하나인 리듬 훈련이었다.

어느 날 우리는 모두 원으로 둘러서서 손뼉으로 특정 리듬을 옆 사람에게 전달하는 훈련을 했다. 하지만 리듬이 자꾸만 바뀌는 바람에 정말이지 쉽지 않았다. 손뼉을 잘못 칠 때마다 나는 "아, 미쳐! 또 틀렸네.", 혹은 "맙소사, 진짜 못하겠어."라며 탄식했다.

다행히 다른 몇 사람도 박자를 틀려서 나와 비슷하게 탄식하고 짜증을 내는 소리가 들렸다. 그러자 갑자기 선생님이 연습을 중단시켰다. 그러고는 정확한 문장은 기억이 나지 않지만 대충 이런 말을 했다.

"리듬을 틀렸다고 큰 소리로 짜증을 내고 탄식할 필요는 없어요. 그렇게 과민하게 반응하면 자신의 실수를 더 부각시키고, 자신이 원래 하려던 것을 잊어버릴 따름이에요. 얼른 다시 박자를 맞추는 게 더 중요하잖아요. 실수에 집중하지 말고, 얼른 고쳐서 다시금 신속히 제 리듬을 찾아야지요."

나는 신음 소리를 냈다.

"하지만 박자가 자꾸 변하니까 맞추기가 쉽지 않아요. 엄청나게 신경을 곤두세워야 해요!"

선생님이 미소를 지었다.

"맞아요. 늦든 빠르든 모두가 틀리게끔 되어 있어요. 이건 실수를 자연스럽게 받아들이고 대처하는 훈련을 하기 위해 고안된 거예요. 바바라, 틀릴 때마다 열을 내지 말고 제 리듬을 찾도록 노력해봐요."

짜증을 내거나 자책한다고 실수가 없어지지는 않는다. 짜증이나 자책은 오히려 정신만 산란하게 하고 문제 해결 능력을 발휘하지 못하게 한다.

실수를 했을 때 어떻게 대처해야 할지를 알려주는 정말이지 소중한 조언이었다. 부끄러워하지 않아도 된다는 것, 혹은 "난 못해."라고 절망하거나 "왜 이렇게 안 되는 거야! 정신 좀 차려!"라고 타박할 필요도 없다. 다만 "아, 실수를 했네." 하며 고치면 된다.

그리고 정말로 열을 덜 낼수록 리듬을 맞추는 것이 더 쉬워지는 걸 느꼈다. 틀리는 횟수도 점점 줄어들었다. 하지만 내가 깨달은 것은 무엇보다 실수 없이 살아가는 것은 혼수상태에서나 가능하다는 것이었다. 살아 움직이는 사람은 간혹 실수를 하게 되어 있다.

실수를 너무 부끄러워하거나 죄책감을 느끼는 건 도움이 되지 않는다. 힘만 엄

살다 보면 실수를 하게 마련이다. 새로운 일을 시도하다 보면 멍청한 짓도 하는 게 인간이다.

청나게 낭비하게 될 뿐이다. 그런 힘을 실수나 잘못을 고치고 개선하는 데 들이면 훨씬 좋을 것이다. 필요하면 사과를 하고, 그르친 부분을 고치거나 손해를 입은 사람들에게 배상을 해주면 된다. 실수했을 때 "실수를 했네요."라고 인정하고 실수를 만회할 수 있다면, 비판은 그리 상처가 되지 않는다.

공든 탑을 무너뜨리는
사람을 조심하라

어떤 비판자는 비판자가 아니라, 탑을 무너뜨리는 사람이라는 것을 명심하자. 겉보기에는 비판을 하는 것 같지만, 사실은 일을 수포로 돌아가게 만든다. 나는 이런 사람들을 공든 탑을 무너뜨리는 사람들이라고 부른다.

태어난 지 12개월 된 내 조카가 아주 탁월하게 하는 행동이 있다. 조카는 아직 나무 블록으로 탑을 쌓지는 못하고, 내가 탑을 쌓으면 멋지게 무너뜨린다. 팔을 단 한 번 휘둘렀을 뿐인데 모든 블록들이 바닥으로 굴러

> 공든 탑을 무너뜨리는 사람은 불과 몇 마디 안 되는 말로 다른 사람들의 계획, 아이디어, 프로젝트를 물거품으로 만들어버린다.

떨어진다. 조카는 그럴 때마다 좋아서 "꺄악!" 하고 소리를 지른다. 우리의 놀이는 내가 탑을 쌓으면 조카가 만족스럽게 무너뜨리는 것으로 구성된다. 조카가 탑을 무너뜨리는 걸 재미있어하는 건 그 행동에서 자신의 힘을 느끼기 때문이 아닐까? 단 한 번의 움직임으로 엄청난 효과를 얻어내니 말이다.

그런데 가만히 보면 바로 이 수준에 머물러 있는 어른들도 많다. 그들은 그 자신도 제대로 하는 일이 없으면서 다른 사람들이 쌓은 탑을 무너뜨리기를 즐긴다. 몇 마디 안 되는 말로 아이디어, 계획, 상품, 예술품을 바닥에 나뒹굴게 만든다.

"하지 마. 헛다리짚는 일이야."

"난 영양가 없는 아이디어라고 생각해."

"절대로 안 되는 일이야. 그게 되면 내 손에 장을 지진다."

"솔직히 말해봐. 너 그게 되리라고 믿는 건 아니겠지?"

더 간단한 말로도 탑을 무너뜨릴 수 있다.

"멍청한 짓이야!" "미친 거 아냐?" "웃기고 있네!"

이런 말 한마디면 탑이 와르르 무너진다. 이렇듯 공든 탑을 무너뜨리는 사람을 즉석에서 분간할 수 있다. 공든 탑을 무너뜨리는 사람이 내 조카처럼 기저귀를 찬 아기가 아닌 성인이라면, 그는 아마도 모든 것을 안 좋게 바라보는 부정적인 사람

막 탄생한 프로젝트나 예술 작품은 굉장히 민감하다. 이런 연약한 새싹을 탑을 무너뜨리는 사람에게는 보여주지 마라.

일 것이고, 더 좋은 제안이나 개선을 위한 제안은 가지고 있지 않을 것이다.

탑을 무너뜨리는 사람은 자신의 탑을 쌓지 못한다. 해당 사안에 대해서도 마찬가지다. 그러므로 "당신이 내 입장이라면 어떻게 하겠느냐?"라는 질문에 구체적인 답변도 제시하지 못할 것이다. 이런 질문은 기피하면서 그저 신속하게 다른 사람의 계획을 망가뜨리는 데에만 열심을 내는 것이다.

이렇듯 탑을 무너뜨리는 사람은 내 조카와 마찬가지로 나쁜 사람은 아니다. 다만 뭔가를 전복시키는 데서 자신의 힘을 느끼는 사람이다. 이들이 탑을 무너뜨리는 사람임을 지각하지 못하는 경우, 이들로 인해 안타까운 일이 빚어질 수 있다. 공연히 이런 사람들에게 미리 보였다가 무산된 좋은 아이디어들이 얼마나 많았을까? 창조적인 사람이 이런 사람들에게 도움을 구했다가 창조성을 발휘할 기회를 잃은 적이 얼마나 많았을까? 삶에서 뭔가 이루려 하는 모든 사람들은 공든 탑을 무너뜨리는 자들을 멀리할지어다.

> 공든 탑을 무너뜨리는 사람을 감지하는 법이 있다.
> 어떤 사람이 당신을 비판할 때,
> "당신이 내 입장이면 어떻게 하겠느냐?"고 물어봐라.
> 공든 탑을 무너뜨리는 사람에게서는 이렇다 할
> 건설적인 도움이나 조언을 받을 수 없을 것이다.

부정적인 메시지를
무력하게 만들어라

많은 사람들이 "상황이 점점 나빠지고 있어."처럼 부정적이고 의기소침하게 만드는 말을 현실적인 의견이라고 여긴다.

그러다 보니 공든 탑을 무너뜨리는 사람은 종종 상당히 진지한 사람으로 받아들여진다. 방해꾼에 불과한데도 그들의 이야기는 처음 들으면 꽤나 그럴듯하게 들린다.

언젠가 직업과 관련한 연수를 받던 중에 함께 참여한 사람들과 점심 식사를 한 적이 있다. 모두 그때까지는 개인적으로 전혀 알지 못했던 사람들이었다.

식사 중에 한 젊은이가 자신은 막 심리학 공부를 마쳤으며 이제 커뮤니케이션 상담가로 일할 생각이라고 소개했다. 몇 가지 다른 교육을 더 받은 뒤 1, 2년 뒤부터는 독립해서 프리랜서로 일하고 싶다고 했다. 그 말을 듣고 나 역시 커뮤니케이션 상담가라고 소개하려던 순간, 테이블 끝에 앉은 남성이 먼저 입을 열었다.

"커뮤니케이션 상담가가 되고 싶다고요? 난 정말 말리고 싶어요. 요즘 커뮤니케이션 상담가는 바닷가의 모래처럼 쌔고 쌨어요."

그 이야기를 듣고 나는 가만히 있었다. 심리학을 전공했다는 청년도 가만히 있었다.

알고 보니 묵직한 음성의 남자 본인도 커뮤니케이션 상담가인 것으로 드러났다. 그는 수요는 그대로인데 공급이 너무 많아지고 있다며, 가져갈 수 있는 파이가 점점 작아지고 있다고 불평했다.

"미래가 없다고 봐요. 지금 이 시장에 뛰어들면 먹고살기가 힘들 거라는 점을 직시해야 할 거예요."

그러자 젊은 심리학자는 이해하겠다는 듯 고개를 끄덕거렸고, 그렇게 젊은 심리학자의 꿈은 한순간에 바닥으로 나뒹굴고 말았다.

그 청년은 계속 아무 말도 하지 않은 채로 접시만 우두커니 쳐다보며 음식을 깨작였다. 나 역시 아무 말 없이 음식을 먹었다. 내 꿈 역시 흔들렸다.

커뮤니케이션 상담가가 바닷가의 모래처럼 많다고? 그 말은 어떻게 보면 맞았다. 결국 이 테이블에도 벌써 커뮤니케이션 상담가가 두 명, 지망생이 한 명 앉아 있지 않은가.

그렇다면 나도 이제부터 슬슬 다른 일을 준비해야 할까? 그런데 지금까지는 내가 어떻게 돈을 벌 수 있었을까? 어떻게 매년 경비를 충당할 수 있었을까? 모든 게 순전히 우연이었을까? 경제적 이성에 반하여 수년 전부터 해마다 내게 운이 따라주었던 것일까?

나는 속으로 계산기를 두드려보았다. 아니, 그러고 보니 나는 돈을 벌었잖아! 그리고 앞으로는 어떨까? 나는 나의 스케줄 달력을 떠올려보았다. 세미나와 강연 일정이 빼곡하게 잡힌 달력이 머릿속에 그려졌다. 어떻게 된 걸까?

그랬다. 우리는 공든 탑을 무너뜨리는 사람과 마주하고 있었다. 때가 얼마나 안 좋은지를 경고하는 그의 목소리에 한순간 나마저 넘어갔고, 커뮤니케이션 상담가를 꿈꾸는 청년은 완전히 의기소침해졌던 것이다. 이런 인상적인 설득력에 감탄할 수밖에!

공든 탑을 무너뜨리는 사람들은 주로 반어와 조소 등을 활용해서 다른 사람들의 계획을 전복시킨다. 누군가 당신의 아이디어를 비웃거든 곧장 비인격적 상태로 옮겨가라.
자신의 계획에 대해 이야기하는 것을 중단하고, 주제를 바꿔라.

물론 그가 나쁜 의도로 탑을 무너뜨린 것은 아니다. 최근 힘든 시기를 보내다 보니 솔직하게 자기의 의견을 표명한 것뿐이었으리라.

탑을 무너뜨리는 사람은 대부분 속으로 깊이 체념하여 다른 사람들에게 '커다란 실수'를 경고하려는 사람들이다. 하지만 그러다 보니 유용한 정보를 제공하거나, 조언을 해주거나, 대안을 제시하기보다는 다른 사람들의 계획과 아이디어를 수포로 만들어버리는 경우가 많다.

하지만 일단 상대가 탑을 무너뜨리는 사람임을 인식하고 나면 대처하기는 쉽다. 앞서의 경우, 나는 다시금 내 일이 나쁘지 않다고 마음속으로 정리를 한 뒤, 실망해서 앉아 있는 젊은 심리학자 쪽으로 몸을 돌리고는 침착한 태도로 이렇게 말했다.

"나는 좀 다르게 봐요. 커뮤니케이션 상담가가 꽤 유망한 직종이라고 생각해요."

두 살짜리 조카가 알고 있듯, 탑을 다시 쌓는 것은 내 특기가 아닌가 말이다. 나는 그 청년에게 내가 직업적으로 걸어온 과정들을 이야기해주고, 처음에 이 일을 시작했을 때 어떻게 일거리들을 따낼 수 있었는지도 이야기해주었다. 처음에는 나도 굉장히 걱정이 많았지만, 일이 끊어진 적은 결코 없었다고 말했다.

다른 사람들의 탑을 든든히
세워주고자 한다면,
우선 부정적인 판단을 내리지 않고
상대의 말을 경청해야 한다.
새로운 아이디어와 프로젝트에
선입견 없는 관심을 보이고,
다른 사람들에게 자신의 경험을
기꺼이 전수할 수 있어야 한다.

그러자 탑을 무너뜨리려고 했던 사람도 내 말에 고개를 끄덕였다. 젊은 심리학자도 내 말을 귀 기울여 듣더니 서서히 얼굴빛이 밝아졌다.

우리는 점심을 먹은 뒤 오랫동안 이야기를 나누었다. 나는 내가 커뮤니케이션 상담가로 일하면서 얻게 된 깨달음과 노하우를 전달해주었다. 처음에 이 일을 시작했을 때 나도 여러 사람들에게서 호의 어린 도움을 받았고, 나도 이제 다른 사람들을 도와줄 수 있어서 기뻤다.

다시 한번 말하지만 탑을 무너뜨리는 사람은 나쁜 사람이 아니다. 당신은 그들과 함께 식사를 하고, 여행을 하고, 함께 생활할 수도 있다.

하지만 당신의 계획과 아이디어는 당신을 뒷받침해주고 격려해주는 사람들에게 상의하는 것이 더 좋을 것이다. 당신이 허락하지 않는 한, 그 누구도 당신을 힘 빠지게 만들거나 기를 꺾을 수 없다. 그리고 원한다면 적절한 곳에서 반드시 당신에게 유용한 도움이 올 것이다.

공든 탑을 무너뜨리는 사람을 대하는 방법

- 탑을 안전하게 보호한다. 자신의 아이디어나 목표는 의욕을 북돋워 주고 도와주는 사람들과만 나눈다.

- 탑을 무너뜨리는 사람의 의견을 간단하게 "아, 그렇군요!"라는 말로 뒷전으로 돌린다.

- 탑을 무너뜨리는 사람의 지원이나 응원을 기대하지 않는다. 그는 그런 것을 줄 수 없다. 이것은 소에게서 송아지 고기를 얻으려는 것과 같다.

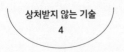
비판에 자신 있게 대처하기

○ 적극적으로 다가가 건설적인 비판을 부탁하라 ○

할 수 있다면 의도적으로 자신을 비판해줄 사람을 찾자. 그에게 적극적으로 다가가 비판해줄 것을 요청하자.

○ 두루뭉술하게 넘어가지 마라 ○

돌려서 말하거나 애매하게 변죽만 울리는 경우, 곧장 되물어 사실 확인을 하자. 상대는 할 말을 확실히 하거나, 아니면 입을 다물어야 할 것이다.

○ 비판에 어떻게 대처할지 스스로 결정하라 ○

비판자는 제안만 할 수 있을 뿐이다. 그 내용을 어떻게 받아들일지는 당신 자신의 몫이다. 사람들이 하는 말을 다 받아들일 필요는 없다.

○ 자신의 실수에 자신감 있게 대처하라 ○

실수한 것이 있다면 인정을 하고 실수를 최대한 만회하자. 하지만 실수로 인해 죄책감이나 수치심을 안고 살지는 말자. 그렇게 하는 것은 어마어마한 에너지가 들어간다.

○ 자신의 영토를 방어하라 ○

누구나 양보할 수 없는 부분이 있다. 이런 부분에서는 타인의 간섭을 원칙적으로 배제하자. 필요한 경우, 영토의 경계를 명확하게 설정하자.

∘ 탑을 무너뜨리는 사람을 조심하라 ∘

애써 계획했던 일, 아이디어, 행동이 방해꾼으로 인해 수포로 돌아가지 않
도록 조심하자. 진심으로 도와주고 힘이 되어줄 수 있는 사람에게만 마음
에 품은 계획을 상의하자.

5장

무례한 대접과 결별하자.
나는 '소중한 사람'이라는 확신을
다른 사람에게 전달하자.

악의 소굴에서도
품위와 존엄을 추구하라

악의 소굴에
오신 것을 환영합니다 _____

자존감이 높은 사람일수록 서로 반목하고 질시하는 적대적인 분위기를 견디지 못한다. 그들은 주변 사람들을 백안시하고 공격하는 환경을 용납하지 못한다.

어떤 실수를 했더라도 사람을 망가뜨려서는 안 된다는 것은 반드시 지켜져야 할 원칙이다. 구성원들끼리 서로서로 헐뜯고 중상하는 분위기 속에 살아가고 있는가? 나는 이런 분위기가 지배하는 환경을 '악의 소굴'이라 부른다.

회사, 관청, 공동주택, 동호회, 스포츠 클럽, 노동조합 등 사람들이 어울리는 곳이 악의 소굴로 변질되는 현상은 우리 주변에서 심심치 않게 만날 수 있다. 서로에 대해 호의가 아닌 악의를 가지고 대하는 곳이 바로 악의 소굴이다.

악의 소굴에서는 중상모략과 비방이 일상적으로 일어난다. 잠재적인 빈정거림에서부터 공공연한 말다툼에 이르기까지 서로 간에 끊임없는 불신이 팽배하고, 분위기가 개선될 조짐이 전혀 없다.

악의 소굴은 어떻게 생겨날까? 딱히 정확한 원인이 없을 때도 많다. 앞으로 살펴보겠지만, 모든 구성원이 악의적인 분위기에 기여를 한다. 구성원들은 종종 조직의 분위기가 왜 이런지를 아주 단순하게 설명한다. "한 사람이 문제"라는 식으로 말이다. 희생양 원칙이다.

"아, 사장이 바뀌고 나서 회사 분위기가 엉망이 되었어. 새로 온 사장이 무능력해서 그래."

"그 집 가족이 이곳으로 이사 온 뒤로, 동네에 바람 잘 날이 없어."

정말로 한 가지 사건이 분위기를 악화시킬 수도 있다. 그러나 악화된 분위기가 확산되고 유지되는 데에는 사실 모든 구성원이 기여를 한다. 악의 소굴이 어떻게 작동하는지 다시 한번 살펴보자.

사람들은 종종 부모님에게서 악의적인 태도를 배운다. 무례하고 자기중심적인 태도가 일상인 집들이 있다. 대화는 대개 이런 식으로 진행된다.

"아빠, 학교에서 양아치 새끼들이 자전거의 앞바퀴를 고장냈어요."

"야, 너는 왜 그렇게 멍청하냐, 응? 새 자전거 집에 놓고 다니라고 내가 몇 번이나 이야기했어, 응? 멍청한 새끼! 지가 엄청 똑똑한 줄 알고 말을 안 들어! 돌대가리로 태어났으면 열심히 배우기라도 좀 해야 할 거 아냐? 봐라, 그러니까 지금 쓴맛을 톡톡히 보고 있는 거야."

아버지의 말에 아들이 이제 뾰로통해서 대답한다.

"내 자전거는 내 맘대로 해요. 아빠가 나서서 어찌해라 할 수 없다고요. 돌대가리는 바로 아빠 본인이시네."

아빠는 이제 고개를 앞으로 내밀고 위협을 한다.

"야, 이놈아, 너 지금 말버르장머리가 그게 뭐야? 네가 다니는 학교의 그 싸가지 새끼들하고나 그딴 식으로 말해. 응? 한마디만 더 했다간 아가리 찢어놓을 줄 알아! 이 애비는 너 같은 별 볼일 없는 새끼한테 그런 취급 받을 위인이 아니라고! 정신 똑바로 차리고 살아, 이놈아!"

이런 식의 대화에서 상호 간의 존경과 존중은 힘들어질 수밖에 없다.

많은 경우, 아이들은 부모를 그대로 따라 한다. 가정에서 어떤 어조가 먹히는지, 어떤 어조로 자신의 뜻을 관철할 수 있으

당신에겐 어떤 환경 가운데
살아갈 것인지 선택할 힘이 있다.
자존감이 낮은 사람들만
악의 소굴이 자신에게
적절한 장소라고 생각한다.

며, 어떤 수단으로 싸울 수 있는지…. 아이들은 금방 터득하며, 안 좋은 경우 성인이 되어서도 그런 악의적인 말투와 행동을 고수하게 된다.

하지만 어릴 적 이런 소굴 속에서 자랐다 해도 새롭게 결심하고 나아갈 수 있다. 부디 집에서 배운 나쁜 언행과는 결별하길 바란다.

적의적인 분위기의
확산을 끊어라 _____

모든 구성원이 서로 흠집을 내는 것이 악의 소굴의 본질이다. 마치 유리 파편으로 가득한 모래 상자에서 노는 형국이다. 처음에는 이런 분위기가 꽤나 자극적이고 매력적으로 느껴질 수도 있다. 하지만 어느 순간부터는 모두가 뾰족뾰족한 파편에 마음을 다친다.

다음 예를 통해 적의에 찬 대화가 얼마나 빠르게 확산되고 전염되는지를 살펴보자. 이 대화는 어느 관청의 복도에서 벌어졌다. 여직원 A와 B가 함께 점심을 먹으러 구내식당으로 향하던 중에 A가 B에게 말했다.

"새 옷 입었네? 죽이네. 비상금을 톡톡 털어 산 거 아냐? 식구들 모두 당분간 쫄쫄 굶겠네. 하하!"

상대 직원 B는 함께 웃긴 했지만 반격에 나섰다.

"천만에! 이 옷은 중고 옷가게에서 산 거야. 중요한 건 너 같은 몰골로 다니고 싶지는 않다는 말씀. 네 옷은 딱 봐도 벼룩시장에서 산 것같이 보인단 말이지. 하하!"

그러자 A는 더 이상 웃지도 않고 걸음을 멈추었다.

"무슨 소리! 난 고급 브랜드 살 능력쯤은 충분해. 너처럼 싼티 나는 사람이 아니거든."

이제 처음의 '농담'이 악의적인 공격으로 불거졌다. B도 가만히 있지 않았다.

"싼티 좋아하네. 그건 네 눈에 문제가 있어서지. 그리고 내가 무얼 입고 다니건 네가 상관할 바 아니잖아?"

이제 제3의 여직원이 다가왔고, 곧장 싸움에 끌어들여졌다.

"마이어 씨, 잘 왔어. 내가 싸구려라고 생각해?"

B가 따지듯 말했다. 마이어 씨는 고개를 갸우뚱했다.

"싸구려라니? 그게 뭔 말이야?"

그러자 A가 끼어들었다

"내가 언제 싸구려라고 그랬어? 하지도 않은 말로 사람 이상하게 만들고 있네."

"무슨 소리야. 방금 그랬잖아. 여기 마이어 씨가 증인이야. 마이어 씨, 다 들었지?"

마이어 씨가 무슨 말을 했지만, A와 B가 다시금 언성을 높이는 바람에 묻혀버리고 말았다.

A가 말했다.

"아주 놀랍다. 이제 2 대 1로 싸우자는 거야? 혼자서는 이길 자신 없어? 할 말이 달리겠지. 그래서 이제 지원군까지 데려오셨군."

그러자 이제 마이어 씨도 화가 났다. 마이어 씨가 A를 보며 말했다.

"그만해! 뭐 하는 거야? 왜 아무 생각 없이 온 사람을 매도하고 그래? 난 왜 싸우는지도 모르는데. 게다가 여기서 이렇게 온 복도가 떠나가라 소리를 질러도 되는 거야? 정말 심하네."

A가 받아쳤다.

"응, 이제 내가 이렇게 양편에서 공격당하는구나. 나도 방어를 해야 할 거 아냐? 그리고 마이어 씨, 당신이 뭔데 나더러 입을 다물라 말라 그러는 거야?"

싸움은 계속되었다.

이 장면은 악의적인 빈정거림이 진짜 싸움으로 비화되기가 얼마나 쉬운지를 보여준다.

악의 소굴에서는 빠르게 반목과 질시가 확산되고, 패가 갈리며, 은밀한 동맹과 회

악의적인 분위기가 확산되는 것은 구성원들이 그것을 중단시킬 힘이 없기 때문이다.

> 대화가 악의적으로
> 전개되는 듯하면 얼른 중단하자.
> 생채기만 안겨주는 힘든 대화를
> 굳이 계속할 필요가 없다.

생양이 생겨난다. 중립을 지키고자 하는 사람을 가만히 보지 못하고 각각 자기들의 잘못된 행위로 끌어넣고자 안달을 한다. 심한 경우 중립을 유지하는 사람을 희생양으로 만드는 경우도 있다.

악의 소굴은 중상모략과 왕따의 온상이다. 공격과 내침이 난무하는데도 이상하게 진정한 승리자는 없다. 뿌듯한 기분이 드는 사람도 없다. 패자들만이 있고, 패자들이 때때로 만회를 노릴 뿐이다. 구성원들은 이런 천박한 싸움질을 끝낼 힘이 없다. 그리하여 모두가 모두에게 죄를 뒤집어씌우는 형국이 발생한다.

"그 여자가 먼저 그따위 말을 했잖아. 왜 나만 늘 양보해야 하는 거지?"

"나도 늘 참고만 있을 수는 없어. 바보 취급을 당한 마당에 나도 한 방 먹여야지."

이런 말들은 자의식 있는 태도가 아닌, 천박한 행동을 끝낼 수 없는 무능력에서 나온 자기변호에 불과하다. 모두가 이런 천박한 게임을 그만두지 않기에 악의 소굴은 몇 년, 아니 몇십 년간 지속될 수도 있다.

용서와 망각? 악의 소굴에서 그런 단어는 낯설다. 구성원들은 반대편이 어떤 행동을 했는지를 세세하게 기억 속에 저장해놓는다.

"가만히 좀 있어 봐. 그 자식, 전에도 내 생일 때 축하를 안 해줬어. 그때가 음… 1993년… 맞아, 그때 내 서른 살 생일 때 한마디도 안 하더라고."

모욕과 상처를 결코 잊어버리지 않고, 이런 기억들을 기회가 있을 때마다 다시 들먹인다.

"네가 나에게 해준 대로 네게 해주마."라는 것은 무능력의 원칙이다. 능력과 힘의 원칙은 "너는 네 언행에 책임이 있고, 그것에 어떻게 반응할지는 내 결정이다."라는 것이다.

힘을 발휘하라! 힘이 없다고 생각하는 것은 정신 상태다. 스스로 힘이 없다고 여기면 정말로 힘이 없어진다.

악의 소굴을
정화하라

악의적인 환경에서는 상처를 받게 되고, 그러다 보니 다른 사람에게도 상처를 입히기 십상이다. 그러므로 서로 간의 반목의 쳇바퀴를 끊어버리고 악의 소굴을 정화하는 것이 최선이다.

균형 잡힌 의사소통은 상호 간의 기본적인 호의와 존중을 바탕으로 한다. 호의가 결여되어 있으면, 자신이 옳고 상대가 옳지 않다는 것을 보여주기 위해 자신이 하고 싶어 하는 말만 하고 듣고 싶은 것만 듣게 되는 사태가 빚어진다. 악의 소굴에 들어갔음을 알았을 때 짐 싸서 그곳을 떠나오

서로를 비하하는 것을
중단함으로써
반목의 악순환을 끊자.

는 것만이 최선은 아니다. 할 수 있다
면 그곳에 머물면서 분위기를 정화하
자. 그러려면 스스로 악의적인 분위기
에서 하차하여 잘못된 행동을 멈추는
것이 중요하다.

악의 소굴에서
하차하는 것은 동참을
분명히 거절하는
것에서부터 시작된다.

　자기 자신은 무례한 행동을 하면서 다른 사람들은 예의 바
르게 행동해줄 것을 기대할 수 없는 것처럼, 다른 사람들과 똑
같이 악의적인 수단을 일삼아서는 상대방으로 하여금 악의적
인 행동을 중단하게 할 수 없다.

　그런 의미에서 여기 악의 소굴을 정화하여 서로를 세워줄
수 있는 효과적이고 지적인 다섯 가지 전략을 소개하고자 한
다. 이 다섯 가지 전략을 통해 조직 내의 분위기를 쇄신하는 물
꼬를 터보길 바란다.

| 악의 소굴을 정화하기 위한 5가지 전략 |

▶ **더 이상 동참하지 않기로 분명히 결정하라**

　시작은 단호한 거절이다. "난 더 이상 그렇게 하는 걸 원하
지 않아. 더 이상 함께하지 않을래." 하는 것이다.

　사실 이런 걸음을 내딛는 것이 가장 어렵다. 다른 사람들의

기대에 반하는 행동을 하는 것이기 때문이다. 누구도 악을 원하는 건 아닌데, 모두가 악을 퍼 나르는 형국, 이것이 바로 악의적인 환경이다.

모두에게 그럴 만한 이유가 있으며, 모두가 자기 책임은 아니라고 생각한다. 다른 사람들이 원인을 제공했고, 자신은 다만 방어를 할 따름이라는 것. 그리하여 계속 다투고 앙갚음을 할 이유들이 생겨난다.

이제는 악의 소굴에서 횡행하는 수단으로 스스로를 방어하는 것을 중단해야 한다. 지금부터는 더 이상 비방을 하지 말자. 다른 사람에 대한 험담을 중단하고, 중상모략에 동참하지도 말자. 자제력과 자존감이 높은 사람들만이 이렇게 할 수 있다. 당신의 자존감이 악의적인 환경은 당신에게 어울리는 틀이 아님을 알려줄 것이다.

▶ 스스로를 보호하라

악의 소굴의 분위기는 늘 긴장과 알력, 흥분으로 점철된다. 앞으로는 그런 분위기에 전염되지 않도록 하자.

작은 것을 부풀리고, 늘 배후를 점치고, 나쁜 기운을 퍼뜨리는 사람들이 있다. 그런 분위기가 팽배할 때면 기존에 알고 있는 두 가지 방법을 활용해야 한다. 바로 비인격

균형 잡힌 의사소통은
상호 간의 기본적인
호의와 존중을 바탕한다.

적인 상태로 옮겨가고 보호막을 치는 것이다.

상황에서 초연한 가운데, 소란한 일들을 거리를 두고 바라보자. 거리를 두고 보면 모든 것이 약간 우습게 느껴져 빙그레 웃음이 나올 수도 있다.

▶ **지혜롭게 다른 사람들을 바로잡아주라**

비판을 할 때는 사람을 공격하지 말고, 당신이 잘못되었다고 생각하는 것은 무엇이며, 어떤 부분에 변화가 필요하다고 여기는지만 이야기해야 한다.

무엇보다 말투에 신경을 써야 한다. 이런 지적은 알게 모르게 공격적으로 들리기가 쉽기 때문이다. "제정신이야? 어떻게 그런 멍청한 행동을 할 수 있어?"라든가 "아휴, 당신이 그런 정신 나간 짓을 할 거라고는 생각하지 못했는데."라는 식으로 말하면 상대는 금세 마음의 문을 닫아버린다. 게다가 상당히 신경질적으로 이런 말을 내뱉는 경우 비판은 객관성이 결여되고 전혀 효과를 발휘하지 못한다. 이런 식의 비판을 듣는 사람은 거부감을 느끼고, 마음의 빗장을 닫아건다. 그러므로 비판을 할 때는 마음에서 우러나오는 짜증과 화를 걸러내야 한다.

상대에게 하고 싶은 말이 무엇인지를 미리 메모하자. 그리고 현재의 구체적인 문제만 언급하고, 예전에 있었던 진부한 일들을 끄집어내지는 말자. 어쩌다 그렇게 일이 잘 안 되었는지, 그 이유가 무엇인지에 대해 너무 길게 말하지 말고, 앞으로 그런 실수를 어떻게 피할 수 있는지에 집중하는 것이 좋다.

실패를 들먹이지 말고, 해결책을 모색하자. 자신의 감정을 먼저 가라앉힌 뒤 상대방을 비판해야 한다. 이미 저질러진 잘못보다는 원하는 쪽으로의 개선에 집중하자.

▶ 스스로를 어떻게 대해주면 좋겠는지 표현하라

무례한 말은 더 이상 당신에게 통하지 않는다는 것을 분명히 보여주어야 한다. 누가 빈정대거나 무례하게 굴면 받아주지 말고, 직접적으로 그 부분을 짚고 넘어가자. 그런 대접을 받고 싶지 않다는 사실을 분명히 말하자.

무례한 소통 방식은 터놓고 말할 때 오히려 더 타파하기가 쉽다. 어떤 식으로 대화하는 것이 좋을지에 대해 이야기하자. 해당 사안을 다루는 걸 중단하고 대화에 대한 대화를 해야 한다.

우선 멈추고 작전타임을 갖는 것도 필요하다. 충동적으로 대꾸하지 말고

무례한 대접을 받고 싶지 않다는 사실을 상대방에게 분명하게 전달하라.

사무적인 태도를 취하자. 상대가 너무 나갔다는 것을 보여주는 한두 문장이면 족하다. 긴 설교를 하지 말고 흥분이 섞인 충고도 하지 말아야 한다. 잠시 '일단 정지 표지판'을 들자. "그런 식으로 말씀하시면 상처가 되죠. 이런 대접을 받고 싶지는 않습니다." "방금 하신 말씀 때문에 기분이 상하네요. 의견이 다른 건 괜찮지만, 모욕감을 느끼고 싶지는 않습니다."

시선을 마주한 상태에서 침묵할 수도 있다. 상대방은 이제 약간 당황해서 스스로의 행동을 변호할지도 모른다. 상대방의 핑계에 말려들지 말고, 필요한 경우 계속 같은 문장을 반복해서 말하자.

▶ **용서와 망각을 배우라**

자존감이 높고 스스로 인생을 주도해나갈 힘이 있는 사람은 다른 사람들의 잘못을 무슨 기념품이라도 되듯 기억 속에 고이 담아둘 필요가 없다. 부당한 일을 일일이 기억 속에 수집하는 걸 중단하자.

상처가 아물도록 하자.

마음 아팠던 일들로부터

> 태도를 통해 자신이 가진 힘을 표현해야 한다.
> 어깨를 편안히 늘어뜨린 상태에서 똑바른 자세로 걷거나 앉아라.
> 시선은 상대방에게 맞추고, 안정감 있게 움직여라.
> 천천히 또박또박 말을 하라.

> 당신은 생각보다 더 강인하다.
> 모든 사람 속의 존엄과 품위가
> 당신과 연대하고 있기 때문이다.

신경을 끄고 종지부를 찍자. 과거는 지나간 것이며, 머릿속 기억으로만 존재할 뿐이다. 그리고 기억들을 어떻게 처리할지는 당신 소관이다. 기억을 유익하게 활용해야 한다. 과거로부터는 교훈만을 이끌어내자.

과거를 통해 더 자유로워지고 강해져야 한다. 에너지와 힘을 공급해주는 기억들을 기뻐하고, 다른 모든 기억은 시간을 통한 망각에 내맡겨야 한다. 그리하여 앞으로는 과거의 일로 인해 부글부글 끓는 일 없이 가벼운 짐을 가지고 여행하도록 하자. 자신에게 상처 준 사람을 용서하는 것, 반대로 자신이 상처 준 사람들에게 사과하고 용서를 구하는 것도 그 방편 중 하나다. 그런 다음 깊이 심호흡을 하고 폐로 흘러드는 신선한 공기를 향유하자.

....

용서는 우리로 더 이상 상처를 부여잡고 있지 않게끔 해준다. 용서는 우리로 마음을 다잡고 앞으로 나아가게 한다. 용서를 통해 우리의 마음과 영혼은 순결함과 따뜻함을 유지할 수 있다.

....

이 다섯 가지 전략은 악의 소굴을 정화하는 데 굉장히 도움을 준다. 다른 사람들의 태도를 바꾸는 데 이 정도로는 역부족이 아닐까 하는 의심이 드는가? 하지만 당신은 생각보다 더 강인하다. 당신 곁에는 강력한 동맹군이 있기 때문이다. 모든 인간 안에 있는 존엄과 품위가 바로 당신의 동맹군이다. 사실 무례한 언행이 인간의 품위에 위배된다는 건 모두가 알고 있는 사실이다. 그러므로 당신은 혼자서도 많은 사람들을 정화시킬 수 있다.

흔들리지 말고
소신 있게 나아가라

　　악의 소굴에서 살거나 일하기를 바라는 사람은 아무도 없다. 비인간적인 상황을 변화시킬 힘이 없으며 출구를 찾지 못했을 따름이다.

　　당신에게는 키를 돌릴 힘이 있다. 그러나 그러려면 약간의 고집이 필요하다. 악의 소굴에서는 그 이름에 걸맞게 구성원들이 자꾸 당신을 낮은 수준으로 끌어내리려 하면서 품위 있게 살기로 결정한 당신을 시험하기 때문이다.

　　험담과 비방과 중상모략에 더 이상 동참하지 않을 때 당신은 이런 말을 듣게 될 것이다.

　　"뭐야, 왜 아무 말 안 해? 무슨 문제 있어? 우리에게 불만이라도 있는 거야?"

"아, 뒷담화 좀 까자. 그렇게 고고한 척하지 마."

"갑자기 도덕군자로 변했어? 목사님 불러서 설교라도 들어야 할까?"

"전에는 너랑 이야기가 잘 통했는데, 이제 좀 거만해진 느낌이야. 너만 그렇게 의로워?"

"세상 혼자 사는 거 아냐."

무슨 말을 듣든지 간에 흔들리지 말자. 악의적인 태도에 종지부를 찍자. 자신의 결심을 '아이 메시지I-Message'로 분명히 전달해야 한다.

"난 이제 뒷담화 같은 거 그만둘래."

"난 이제 다투는 거 싫어졌어."

"난 이제 남 흉보는 거 지쳤어."

간단한 문장으로 충분하다. 이것이 당신의 진심이라는 걸 상대가 알도록, 필요한 경우 같은 문장을 계속 반복하자. 상대를 비난하거나 탄식하는 어조로 말하지 말고, 그냥 사무적으로 담담하게 말하자. '아이 메시지'를 통해 이것이 당신 개인의 의견이자 결심임을 보여주어야 한다. 그 편이 다른

> 다른 사람들과 다른 태도로 살려고 하면 "우리와 똑같이 해!"라는 압력이 들어올 것이다.
> 때로는 강하게 들어올 것이다.
> 이때는 공손하면서도 강단 있게 "됐습니다!"로 답해보자.

사람들에게 훈계조로 말하는 것보다 더 효과적이다.

당신이 일관적으로 행동할 때 다른 사람도 설득할 수 있다. 한번 이런 태도로 나갔다가 다른 사람들의 종용에 금방 수그러들어서는 안 된다. 악의 소굴은 당신 자신이 가진 저력을 보여주기에 유용한 장소다.

무엇인가를 이루려고 할 때 소신 있게 나가는 것 역시 이런 능력의 일환이다. 흥분하지 말고 소신 있게 밀고 나가자. 간단하고 설득력 있는 문장을 준비하고, 광고에서처럼 그 문장을 계속 반복하자. 흥분하거나 언성을 높일 필요는 없다. 작지만 계속해서 똑똑 떨어지는 물방울이 결국에는 바위를 패이게 한다는 점을 기억하자.

하지만 이 자리에서 또 한 가지 중요한 지적을 하고 싶다. 당신이 현재 발 담그게 된 곳이 악의적인 태도와 말이 난무할 뿐 아니라, 폭력까지 동원되는 곳이라면 정화를 위한 이런 모든 노력은 통하지 않는다. 그런 경우는 얼른 그곳에서 발을 빼는 것이 최선이다. 곧장 떠나는 것이다.

악의 소굴에서
당장 빠져나와야 할 때

그러나 도를 넘어선 고질적인 장소들이 있다. 이런 경우는 악의 소굴에서 벗어나는 것이 낫지 않은지 고민해봐야 한다. 신문사에 들어갔던 한 젊은 기자가 떠오른다. 그의 말에 따르면 그곳은 폭언과 구타가 일상인 곳이었다. 그 기자는 분위기를 쇄신해보려고 선배, 동료들과 이야기를 했고, 다들 변화가 필요하다는 사실에 동의했다.

하지만 실제로는 아무것도 나아지는 것이 없었고, 오히려 악화일로만 걸었다. 신문 판매 부수가 자꾸 줄고, 광고주들이 떨어져나가자, 경영진은 해고 위협을 가했고, 편집국장은 기자들을 더욱 압박했다. 회사 분위기는 점점 더 참을 수 없게 되었다. 젊은 기자의 악의 소굴 정화 노력은 전혀 먹히지가 않았다.

"요즘 나는 매일같이 퇴근 시간까지 그냥 견딜 뿐이에요. 퇴근하고서야 심호흡을 할 수가 있어요. 할 수 있는 건 다 해봤지만, 내 선에서는 안 된다는 걸 알았어요. 난 완전히 지쳐버렸어요."

나와 만났을 때 그는 이렇게 털어놓았다. 악의 소굴을 정화하기 위해 개인적인 힘을 투입했는데도, 장기간 그 어떤 성과도 없을 때 이런 질문 앞에 서게 된다.

"여기서 내가 더 이상 무엇을 할 수 있지?"

물론 악의 소굴로 들어가지 않는 것이 안전하지만 이유를 막론하고 그런 소굴에 들어가게 된다면, 그곳을 자신의 주도력을 강화시키는 훈련장으로 삼을 수도 있다. 하지만 장기적으로도 아무것도 바뀌는 것이 없다면, 더 좋은 환경으로 옮겨갈 시간이다. 짐을 싸서 떠나라. 이 젊은 기자도 그것을 알았다. 아직 그곳을 떠날 용기를 내지 못했을 따름이다.

우리는 대화 가운데 어떻게 하면 그가 직장에서 유종의 미를 거두고, 좋은 모습으로 떠날 수 있을지를 이야기했다. 그러고는 풀 죽은 패자로서가 아니라, 이곳에서 힘을 기르고 성장할 수 있었다는

> 당신에겐 상처가 되거나 해가 되는 모든 것과 거리를 취할 권리가 있다.

162

자의식을 가지고 품위 있게 떠나기로 결정했다. 마지막에 나는 이런 분위기에 가담하지 않았노라고 확실히 말할 수 있는 것이 중요했다.

악의 소굴에 좋은 점이 있다면, 그것은 우리가 어느 집단에 맞는 사람이고, 어느 집단에 맞지 않는 사람인지를 명백히 보여준다는 것이다.

악의가 팽배한 분위기에 있다 보면 자칫 건강을 해칠 수도 있다. 그런 분위기 가운데 있다면 일상에서 반대급부로 스스로에게 '자양분'이 되는 행동을 많이 해줘야 한다. 많이 웃고, 긴장을 푸는 즐거운 활동, 마음이 통하는 대화…. 이런 것들이 자양분이 되어줄 수 있다.

때로는 악의가 난무하는 곳을 최종적으로 떠나고, 우리를 괴롭히고 불행하게 만들었던 모든 것을 놓아버림으로써 우리의 소중한 영혼을 보호할 필요가 있다. 물론 쉬운 일은 아니다. 대가를 치러야 하고, 불편한 것들을 감수해야 한다. 하지만 이런 환경에 조금이라도 더 머무른다는 생각만으로 견딜 수 없어지는 경우도 있다.

떠나야 할지, 남아야 할지 결정을 내리기가 힘든가? 신중하게 계산을 해보아야 한다. 이런 소굴에 계속 머물 때 치러야 할 대가는 무엇일까? 견디는 데 얼마나 힘이 들까? 대신에 얻을 수 있는 유익은 어떤 것일까? 짐을 챙겨 떠나버리려면 어떤 위험을 무릅써야 할까? 이런 결정을 실행하는 데 얼마나 많은 비용과 시간, 정신적 에너지가 들까? 떠나버리면 어떤 유익이 있을까? 각각의 비용과 이익을 신중하게 검토해본 다음 결정을 내려야 한다. 그런 다음 필요한 것은 자신이 옳다고 생각하는 바를 실천에 옮기는 용기다. 악의가 팽배한 곳에 남든, 떠나든 상관없이 스스로를 존중하고, 자존감을 돌봐야 한다.

악의가 팽배한 곳에서 품위 있게 하차하기 위한 방법

결정을 내리고 그것을 알아야 할 사람들에게 알리자. 떠나는 이유를 간단히 밝히는 것으로 충분하다. 울고불고 하거나 큰 소리를 낼 필요는 전혀 없다. 종지부를 찍고 간직하고 싶은 모든 경험들, 만남들, 추억들을 가지고 떠나자. 나머지는 해당 장소에 놓고 가면 된다.

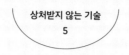

악의 소굴 정화하기

◦ 자세를 명확히 하라 ◦

누군가를 악의적으로 빈정거리고 비하하는 행동을 중단하자. 설사 장난삼아 그렇게 했다 해도 그만두어야 한다. 험담과 이간질에 가담하지 말자.

◦ 공연한 드라마에 휘말리지 마라 ◦

비인격적 상태로 옮겨가고 보호막을 세우자. 주도권을 쥐고 자신의 결정을 고수하자. 동료들이 비웃거나 공격해도 흔들리지 말아야 한다.

◦ 소신 있게 나아가라 ◦

더 이상 잘못된 행동에 동참하지 않을 것을 분명히 밝히자. 자신의 결심을 짧은 문장으로 표현하고, 이런 표현을 자주 반복하자.

◦ 비판할 일이 있으면 공정하고 객관적으로 하라 ◦

비판하기 전에 마음을 가다듬고 상대에게 하고 싶은 이야기를 미리 숙지해 놓아야 한다. 공연히 과거 일들을 들쑤시지 말고 문제 해결과 개선에 집중하자. 존중하는 태도를 유지해야 한다.

◦ 너무 오래 괴로워하지 마라 ◦

소신 있게 행동했고 시간이 흘렀는데도 변화가 없다면, 차라리 몸담은 곳을 떠나는 게 낫지 않을지 심사숙고해야 한다.

6장

문제를 안고 있는 것은 당신을 공격하는 사람이다.
그 문제를 당신이 넘겨받을 필요는 없다.

무례한 말에 상처받지 않도록
공격을 무력화시켜라

무례한 말에 침착하게 대응하는 법

　　누군가 당신을 공격하며 말도 안 되는 소리들을 마구 쏟아내면 어떻게 해야 할까? 이런 직접적인 비방에 어떤 반응을 보여야 할까? 이런 상황에 적용할 수 있는 몇 가지 좋은 테크닉이 있다. 상대와 똑같은 사람이 되지 않으면서도 스스로를 방어하기 위한 유도 기술이라고 할까? 이런 유도 기술에 대해 나는 별도의 책을 쓴 적도 있다. 《어리석은 말에 지혜롭게 대항하는 법》이라는 책이다.(한국어판 제목은 《화나면 흥분하는 사람, 화날수록 침착한 사람》이다.—옮긴이) 인신공격을 당할 때 활용하면 좋은 책이다. 이 책에는 평정심을 유지하면서 상대에게 반격할 수 있는 열두 가지 전략이 담겨 있다.

공격자는 당신을 자극하고자 한다. 그 게임에 말려들어 얼굴이 붉으락푸르락해질 필요가 없다. 그래도 반응을 보여야 한다면, 초연한 태도로 가볍게 반응하자.

여기서는 그중 악의적인 환경에서 적용하면 특히 효과가 있는 몇 가지 간단한 전략들을 소개하기로 하겠다. 이 전략들을 활용하면 흥분하지 않으면서 무례한 말이나 행동으로부터 스스로를 방어할 수 있을 것이다.

이 전략들은 동시에 재미가 있다는 이점이 있다. 그도 그럴 것이 누가 당신에게 말도 안 되는 소리를 한다고 해서 꼭 당신까지 기분을 잡칠 필요가 있겠는가?

현재 문제가 있는 건 공격하는 사람 자신이라는 점을 명심해야 한다. 군이 그 사람의 문제를 넘겨받아 당신의 문제로 삼을 필요는 없다. 말도 안 되는 인신공격을 대하는 태도를 변화시키면 당신이 상처받는 빈도도 훨씬 줄어들 것이다.

지금까지 매번 스스로를 방어해야 하고, 힘들여 반격을 해야 한다고 생각했다면, 여기서 힘들이지 않고 반격하는 몇 가지 방법을 배워보자. 이 방법으로 에너지를 아낄 수 있을 뿐 아니라, 공연한 언쟁을 피할 수도 있다.

또한 이 반응 전략으로 공격자에게 당신이 어떤 대접을 받고자 하는지 분명히 보여줄 수 있다. 상대방은 당신에게는 더 이상 비열한 방법이 통하지 않는다는 것을 빠르게 감지할 것

이다. 이와 동시에 비인
격적 상태로 옮겨가고 보
호막을 세우면 가장 효과
적일 것이다.

그렇게 전체적인 분위
기 전환을 통해 당신이 상황에 초연해 있으며, 유치한 말에 일
일이 응수하지 않는다는 것을 보여줄 수 있다.

자, 여기 억지와 비방, 꼬투리 잡기, 공격에 지혜롭게 대응하
는 방법들을 구체적으로 소개하겠다.

무례한 말은 그냥 무시해버려라

지나가는 소리로 지껄인 모든 말은 한 귀로 듣고 한 귀로 흘
려버려야 한다. 부수적으로 슬쩍 흘린 말이나 모호한 빈정거
림은 그냥 무시해야 한다. 특히나 당신에게 직접 대고 한 말이
아닌 경우는 들을 필요도 없고, 반응을 보일 필요도 없다.

가령 붐비는 백화점에서 당신이 본의 아니게 누군가의 진
로를 방해한 꼴이 되었다고 하자. 그 사람이 "아니, 떡 버티고
서 있으면 어쩌란 말이야? 요즘 사람들은 왜 배려가 없어…."
라고 중얼거리면서 지나갔다.

그런 말은 그냥 무시해버려야
한다. 요즘 사람들이라지 않는

가. 따라서 당신에게 해당하는 말이 아니다. 반응하지 말고 흘려버리자.

공격자에게 성공 경험을 허락하지 마라

공격자는 오로지 한 가지 시금석으로 자신의 시도가 성공했는지를 알아챈다. 바로 당신의 반응이 그것이다. 공격자의 말에 분개해서 쏘아붙이는 것이 공격자가 의도하는 효과다. 이런 순간에 공격자는 이미 이긴 것이나 다름없다.

그러므로 가만히 있는 게 낫다. 듣자마자 말문이 확 막히는 공격이라면, 애써서 이해하려고 하지 마라. 공격자에게 지금 한 말이 무슨 의미냐고 도리어 물어도 된다. 그리고 상대가 대답할 말을 짜내는 동안에 당신도 어떤 반응을 보일지 조용히 생각해보길 바란다.

잉게는 매주 한 번 부서장 회의에 참석하는데, 회의 참가자들 중 잉게 혼자 여성이다. 어느 날 회의에서 약간 격한 논쟁이 벌어졌고, 잉게는 어떤 변화를 직원들에게 터놓고 알리지 않고 뒤로 도모하는 것이 안 좋은 이유를 강하게 대변했다. 그러자 남자 부서장 중 하나가 그 말을 받아서 잉게에게 이렇게 말하는 게 아닌가.

"아, 잉게 씨, 뒤로 하는 거 좋아하잖아요."

> 이해심을 낭비하지 마라.
> 공격자의 말을 애써서 이해하려고
> 듣지 마라.

172

그 말을 들은 잉게는 얼굴이 벌게졌고 할 말을 잃었다. 하지만 그녀는 그런 순간을 짐짓 못 알아 듣는 척하는 기회로 활용할 수 있었고, 본인도 약간 헷갈리는 상태에서 이렇게 대답했다.

어찌할 바를 몰라 한순간 난감해지는 것은 아주 자연스러운 일이다. 이런 경우 더 이상 언급을 하지 말고, 일단 침묵하라. 그러고는 조용히 생각해볼 시간이 필요하다고 말하라.

"무슨 말인지 못 알아듣겠네요. '뒤로 한다'는 게 정확히 무슨 말이죠?"

그러자 그 남자는 웃더니 거만한 말투로 "아, 무슨 말인지 아시면서."라고 했다. 모두가 잉게를 쳐다보았다. 그동안 약간 정신을 가다듬은 잉게는 자신의 노선을 밀고 나갔다.

"아니, 정말 모르겠어요. 여기 계신 다른 분들도 '뒤로 한다'는 게 뭔지 궁금해할 것 같아요."

그러자 상대는 약간 궁지에 몰려 이렇게 말했다.

"이따 설명해드리죠. 둘이 있는 자리에서요."

하지만 너무 늦었다. 좌중에서 웃음이 흘러나왔고 누군가가 외쳤다.

"아뇨, 우리 모두 알고 싶은데요. 자, 설명해주세요."

그러자 비아냥대던 남자는 그 말에 신경질적으로 넥타이를 잡아

어리석은 말에 기죽지 마라. 공격자가 방금 나쁜 공을 던졌으니 당신도 좋은 공으로 받아줄 필요가 없다.

당기며 "됐어요. 원래 주제로 돌아갑시다."라고 했다. 이제 잉게는 고개를 끄덕이고는 곧장 해당 사안에 대한 논지를 펴나갔다.

그 뒤 잉게 앞에서는 아무도 성적인 농담이나 애매모호한 표현을 사용하지 않게 되었다. 그런 말들은 상대가 무슨 이야기인지 알아들어야 써먹는 보람이 있는 법이다. 외설적인 표현을 썼는데 상대가 이해를 하지 못해 일일이 설명을 해주어야 한다면 그런 말은 효용성이 없는 말이 된다. 또 이런 경우 외설적인 말로 공격을 하는 사람은 궁지에 몰리게 된다. 그런 표현을 이해할 수 있는 말로 설명해줄 수는 없기 때문이다. 더더구나 여러 사람들 앞에서는 말이다.

그러므로 멍청한 말은 알아들으려고 애쓰지 말자. 공격자에게 성공의 경험을 허락해서는 안 된다. 뭔가를 이해하는 것은 지적인 활동이다. 당신의 지성을 가치 있는 곳에 활용하길 바란다. 다시 말하면, 지적인 커뮤니케이션이 이루어지는 곳에 말이다.

예측 불가능한 반응을 보여라

좋은 사냥꾼은 망을 보며 사냥할 동물들의 습관을 관찰한다. 그렇게 얼마가 지나면 그 동물들이 숲에서 언제 어디서 나타날지를 예측할 수 있다. 피식자가 예측 가능하게 행동할수록, 그 동물을 사냥하는 것은 쉬워진다.

마찬가지다. 당신의 반응이 예측 가능할수록, 다른 사람들은 당신을 더 쉽게 공격하고 상처를 입힐 수 있다.

자, 당신이 무례한 언사에 어떻게 반응할지 아무도 예측 못하게끔 해보자. 때로는 공격적인 말에 개의치 않고 즐거운 노래를 흥얼거리거나, 때로는 공격적인 언사에 감사하며 그 말을 메모할 수도 있다.(무엇 때문에 메모하는지는 아무도 모른다.) 때로는 그 말이 당신에게 얼마나 상처가 되는지 진지한 표정으로 이야기하거나, 손목시계를 보며 공격자에게 잘못된 시간을 알려줄 수도 있다. 엉뚱한 화제를 꺼내면서 공격자를 애먹일 수도 있다.

"그 말을 하니까 생각났는데, 3일 전에 텔레비전에서 영화를 하나 봤는데 정말 인상 깊더라. 아니, 4일 전인가? 아무튼 간에 영화에서 한 부부가 나왔는데, 아니, 아니, 이혼을 했었나? 아, 그건 잘 모르겠고, 여하튼 그들에게는 흥미로운 문제가 있었어. 어떤 문제냐면….."

그렇게 쓸데없는 이야기를 쏟아내어 공격자를 산만하게 만드는 것이다. 공격자가 자신이 왜 당신의 이야기를 듣고 있어야 하는지 고개를 갸우뚱할 때까지 말이다. 공격자의 주의를 끌기 위해서는 텔레비전 방송과 관련한 주제가 특히 알맞은 것으로 입증되었다. '무서운 수술'이나 '끔찍한 피부병'도 적당

공격자가 상식을 벗어난 말도
안 되는 소리를 하고 있으므로
당신 역시 말도 안 되는 소리를
해도 무방하다.

한 주제가 될 수 있다.

공격자가 당신이 정신 나갔다고 여기는 경우 당신은 승리한 것이다. 그는 이제 어떻게 당신의 화를 돋울 수 있을지 몰라 실망한다. 정신 나갔다는 것은 어쨌든 '예외적인' 것이니까 말이다.

당신은 지금 특별하고 예외적으로 행동하고 있다. 공격을 받고 기분이 상해서 되받아치고, 일을 더 크게 만드는 것은 누구나 예상 가능하고 평범한 것이다. 뾰로통해져서 몇 시간이나 속으로 분통을 터뜨리고 앉아 있는 것도 예상 가능하고 평범한 것이다. 자, 이제 이런 평범함을 깨뜨려보자. 다음번 공격을 당하면 생뚱맞게 감기 사탕을 건네는 건 어떨까?

꼬리표에 감사하라

누군가가 당신더러 게으르다거나, 이기적이라거나, 어리석다거나, 이상하다는 등 부정적인 꼬리표를 붙이면 당연히 화가 날 것이다.

공격자가 방금 한 말에
말려들 필요가 없다.
언제든 새로운 주제를
끄집어내는 것은 당신의 권리다.

그러나 이제부터는 그런 말에 마음 상하기보다는 상대를 당황케 하는 반응을 보여주자. 당신에게 부여된 꼬리표와 싸우지 말고, 그것을 마치 표창장처럼 받아들이자. "넌 너무 이기적이야."라는 말을 들었다고 하자. 그러면 이제 '이기적'이라는 꼬리표에 대해 이런 패턴으로 대답하는 것이다.

"그렇게 보였다니 기뻐. 난 오랫동안 이기적이 되려고 연습을 해왔어. 원한다면, 어떻게 하면 그렇게 될 수 있는지 너한테도 말해줄게."

이렇게 하여 '이기적'이라는 비방은 고대하던 상태가 된다.

한 청년이 내게 찾아와 친구들이 까딱하면 그에게 "너 문제 있어?"라고 하는데, 그 말이 신경에 거슬린다는 이야기를 했다. 어떤 일에 반대를 하거나 동참하지 않을 때마다 꼭 "너 문제 있어?"라고 한다는 것이다. 여기에 뭐라고 대답할까? 여기서도 표창을 받은 듯 말할 수 있다.

"와우! 너 그거 알았구나. 왜냐하면 예전에는 말이야, 내게 문제가 없었어. 하지만 나는 열심히 노력했고 문제를 갖게 되었지. 너도 어떻게 문제를 가질 수 있는지 가르쳐줄게."

가령 이런 무례한 말을 들을 수도 있다.

"넌 좀 으스대는 것 같아."

그럴 때는 이렇게 말하면 어떨까?

"우아, 알아주니 고맙네. 나는 으스대

누군가가 당신을 싸잡아 판단하는 말에 말려들 필요가 없다. 당신은 스스로 소중한 사람임을 알고 있고, 그것으로 충분하다.

는 것처럼 보이려고 오랫동안 노력했어. 너도 그렇게 될 수 있어. 도와줄까?"

다음번에 무례한 말이 들려오면 기뻐하길 바란다. 연습할 수 있는 좋은 기회로 삼을 수 있으니 말이다. 활용하고자 하는 반응 전략 한두 가지를 사전에 선택해놓는 것이 좋다. 무례한 말은 예고하고 들려오는 것이 아니기에, 보통은 그런 말을 들으면 어안이 벙벙해진다. 그러므로 총알같이 빠르게 대답하려고 하지 마라.

압박감을 가져서는 안 된다. 결국 이것은 당신의 훈련 시간이다. 따라서 무례한 말을 듣게 되거든 일단 멈추고, 반응을 늦추어야 한다. 어떤 전략으로 반격하는 것이 알맞을지 충분히 생각하고 나서 답하자.

결정할 수 없거나 머릿속이 갑자기 하얘진다면, 공격자에게 한 시간 뒤에 다시 들러달라고 부탁하는 것도 한 방법이다. 그때까지는 분명 알맞은 대답이 떠오를 것이다.

무례한 말에 곧장 대답하라는 법은 없다. 공격자가 정말로 한 시간 뒤에 다시 등장하면, 다시 한번 그 무례한 말을 해달라고 부탁하고는, 당신이 적절하다고 생각하는 방식으로 대응을 해야 한다. 인신공격으로 인해 공연히 기분을 망치지 마라. 당신의 소중한 에너지를 더 중요한 일에 쓰길 바란다.

그리고 당신이 어떤 반응을 보였든지 간에 일이 다 끝나고 나면, 망각을 연습해야 한다. 멍청한 말이 당신의 머릿속에 주리를 틀고 앉음으로 말미암아 생각 속에서 불쾌한 일을 계속 반복적으로 돌리는 일이 없도록 하자. 당신에게 무슨 일이 일어났든지 간에 이제 끝났다. 다 지나갔다. 뚜껑을 덮고 영혼에 고요한 평화를 선사할 시간이다.

허심탄회한 대화로
갈등을 해결하라

　　때로는 좀 더 허심탄회하고 깊이 있는 대화로 나아가는 것이 좋을 때도 있다. 대화 중에 서로가 끊임없이 빈정대고 어리석을 말을 하는 상태라면 이것은 관계에 문제가 있음을 보여준다. 가족이든, 직장 동료든, 친구든 관계가 좀 석연치 않다면, 일단 원인을 살펴보고 갈등을 먼저 해결하는 것이 중요하다.

　　둘 사이에 무슨 사건이 있었는가? 관계가 불편해진 원인이 무엇인가? 해묵은 갈등이 있는가? 속으로 곪은 문제가 있는가? 적절한 기회를 보아 허심탄회한 대화를 시도하자. 상대와 단둘이 말할 수 있는 시간과 장소를 확보하자.

가족이나 동료 혹은 친구 간에 마음이 불편해질 때가 있는 건 이상한 일이 아니다. 흔하고 자연스런 일이다. 불편은 해소하면 되는 것이다.

> 갈등이 생기는 건 전혀 이상한 일이 아니다. 사람들이 함께 살고 함께 일하는 곳에서는 늘 갈등이 빚어진다.

여기에 불편을 해결하기 위한 세 가지 효과적인 팁을 제시하고자 한다.

| 갈등을 해결하기 |

▶ **싸우는 대신 경청하라**

좋은 대화를 위한 가장 중요한 조건은 바로 경청이다. 상대가 이야기를 하면 인내심 있게 그의 이야기를 들어주자. 상대가 당신의 이야기를 잘 알아먹지 못해도 포기하지 말고, 한 번 더 쉬운 말로 이야기를 해주어야 한다. 당신이 이야기를 하는데 상대가 자꾸 말을 가로막으면 당신도 말할 권리가 있음을 상기시키고, 당신이 말을 끝낼 수 있게끔 배려를 부탁해야 한다.

▶ **말을 돌리지 말고 명확하게 하라**

서로가 말을 분명하게 하지 않고 돌려서 말하면 갈등을 해

갈등을 해결하기 위해서는
미리 생각을 정리하여 원하는 걸
분명히 말해야 한다.
무엇이 과하고, 무엇이 모자란가?
상대가 조심해야 할 것은 무엇인가?
자신의 바람을 명확하고
이해하기 쉬운 말로 표현하자.

결하려고 만났어도 해결이 힘들다. 막상 만났는데 무슨 일이 있었는지, 무엇을 원하는지를 말하는 대신에 우회적이고 애매모호하게 말하면 정말이지 명확한 문장으로 옮겨주는 통역사가 필요할 지경이다.

그러므로 일단 갈등 해결을 위한 대화 시간을 갖기 전에 혼자서 생각을 정리해보는 것이 좋다. '내게 무슨 일이 있었지?', '내 기분이 어떻지?', '내가 상대에게 바라는 건 무엇일까?' 하고 자문해보자. 빙빙 돌리지 말고 명확하고 단순하게 말해야 한다.

▶ **과거를 들추기보다 건설적으로 미래를 지향하라**

당신이 상대방과 갈등 해결을 위한 대화를 하는 것은 앞으로도 그 사람과 함께하기를 원하기 때문이다. 함께할 일들이 있기 때문이다. 그러므로 예전의 실수나 안 좋았던 기억들을 자꾸 끄집어내기보다 둘 모두 건설적으로 앞을 바라보는 것이 중요하다. 과거 이야기는 현재를 조명

갈등은 한 번의 대화로는
풀리지 않을 때가 많다. 그럴 때도
포기하지 말고 해당 주제에 대해
부단하게 이야기를 해나가자.

하여 사안을 더 명백히 보고 이해하게 하는 의미만을 가질 따름이다.

대화의 마지막에는 늘 '앞으로 서로 어떻게 함께 해나갈 것인가?' 하는 질문이 있어야 한다. 이를 알기 위해서 모두 자신의 소망과 필요를 터놓고 이야기하는 것이 좋다. 때로 한 번의 대화로는 불충분하다. 중간중간 생각할 시간을 가지면서 한 걸음씩 의견을 조율해나가는 것이 좋다.

문제 상자에서
보물 상자로 옮겨가라 _____

　　마지막으로 당신을 위해 소중한 조언을 한 가지 하고자 한다. 서로 간에 문제가 있는 사람들은 불편한 관계 가운데 굉장히 중요한 사실을 잊고 살 때가 많다. 그것은 당신을 힘들게 하는 그 인간이 골칫덩어리만은 아니라는 사실, 좋은 면도 가지고 있다는 사실이다.

　　유감스럽게도 힘들고 괴롭다 보면 이런 면들은 눈에 보이지 않기 십상이다. 상대가 어찌 그렇게 무능하고, 찌질하고, 까칠한지만 눈에 들어온다. 그러나 이런 찌질이가 사실은 보물 상자이기도 하다는 점을 상기하자. 우리 삶에서 상당 기간 비중 있는 역할을 하는 모든 사람은 우리 인생에 주어진 선물이다.

그렇지 않으면 우리가 그 사람을 만나지 않았을 것이고, 친한 사이가 되지 않았을 것이다.

우리 곁에서 꽤 오랫동안 중요한 역할을 해온 모든 이는 우리 인생의 선물이다. 그런데 갈등과 다툼을 겪으며 이 사실을 간과할 때가 많다.

다툴 때는 상대가 우리의 삶에 어떤 것을 선사했고 지금도 선사하고 있는지를 잊어버린다. 상대의 좋은 점들을 깡그리 무시해버리고, 함께했던 좋은 시간들을 망각해버릴 때가 많다. 이것은 슬픈 일이다. 우리는 상대에게서 좋은 것을 원하지만, 계속해서 문제성 있고 불편을 초래하는 면에만 시선을 집중하고 있는 것이다.

어려움에 시선을 고정시키고 그것을 떨쳐버리고자 하는 가운데 상대에 대한 우리의 지각은 점점 일방적이 되고 일그러져만 간다. 문제점들이 강하게 부각되면서, 보석과 같은 면은 점점 백안시된다. 그리하여 막 빚어진 갈등 가운데 출구가 없어 보일 때가 많다. 어려움만 있고 좋은 것은 더 이상 없는 듯이 보인다. 다툼을 통해서는 아무것도 해결되지 않고, 문제 상자만 더 채워질 따름이다.

내가 하고 싶은 조언은 이것이다. 한순간 문제 상자를 뒤적이는 것을 중단해보자. 그리고 보물 상자를 열어 상대의 좋은 점, 전에 좋

보물 상자를 열어라. 잘못과 오해에 대해서만 말하지 말고, 평소 상대의 장점이라고 생각했던 점들도 함께 언급하라.

> 파리를 꿀로 잡을 수는 있어도
> 식초로 잡을 수는 없다.
> 신랄한 비판이나 분을
> 발하는 것보다는
> 긍정적인 강화를 통해 더 좋은
> 결과를 이끌어낼 수 있다.

아했던 점을 찾아보자. 좋은 시절의 기억들, 함께 놀라고, 웃고, 기뻐했던 추억들…. 상대의 어떤 성격, 능력, 특성들에 감탄했는가? 상대가 어떤 것으로 당신의 삶을 풍요롭게 해주었는가? 그것을 상대에게 말할 용기가 있는가?

관계가 삐걱거리는 시기에 상대를 한순간 적수가 아니라 선물로 보는 것은 개인적으로 상당한 저력이 필요한 일이다. 그러나 이 짧은 순간이 두 사람을 막다른 골목에서 출구로 인도해줄 수도 있다.

잠시 어려움에서 눈을 떼고, 당신이 상대에게서 높이 평가하는 점을 이야기해보는 건 어떤가. 좋았던 시간들을 이야기하면서 상대를 인정하는 말을 해보자. 가령 이런 식이다.

"당신에게 한 번도 이야기를 하지 않았는데, 나는 언제나 당신의 여유 있는 태도에 감탄하곤 했어요. 그거 알아요? 그때 우리가 이곳으로 옮겨올 때 이 모든 짐을 어찌할까 상당히 걱정이 많았어요. 하지만 당신은 그냥 '닥치면 다 돼!'라고 했지요. 그리고 나서 우리는 하룻밤 야간작업을 함께 했어요. 당신은 빵과 치즈, 좋은 음악을 준비했고, 우리는 자정쯤에 거의 짐을 다 싸고 상자 사이에서 신나서 춤을 추다시피 했지요. 당신의 그 여유 있는 태도가 내게 종종 도움을 주었어요."

대화 상대가 이런 말에 어떻게 반응할지는 모르겠다.

죄는 미워하되 사람은 미워하지 말라는 말처럼 행동과 사람을 분리해서 보길 바란다. 우리 모두는 어리석은 행동, 다른 사람에게 상처를 주는 행동, 부주의한 행동을 할 수 있다. 그러나 행동이 우리의 전부는 아니다. 우리의 행동과는 상관없이 우리는 인격체로서 여전히 가치 있다.

상대방의 태도를 예측하려 하지 말고, 일단 시험해보자. 단, 상대가 이제 당신의 좋은 점들도 말해줄 거라고 기대하지는 말자. 상대는 문제 상자에 깊이 파묻혀 있어서 당신이 시각을 보물 상자로 전환하는 것에 순간 어리둥절해질 수 있다. 상황이 다 종료되고, 대화가 끝나고 나서야 '아, 나를 칭찬하는 말이었구나.'라고 깨달을 수도 있다.

그러므로 상대가 곧장 문제 상자에서 탈출하지 못해도 실망하지 말자. 중요한 것은 당신이 대화 분위기를 변화시켰다는 사실이다. 보물 상자 속에 파묻혀 있으면 당신 자체도 변한다. 보물 상자를 뒤지다 보면 당신은 더 행복해질 것이다. 오랫동안 결여되어 있던 것이 한순간에 채워질 수 있다. 바로 사람을 가까워지게 만들고, 우정이 생기게 만들고, 사랑이 싹트게 만들고, 낯선 사람에서 좋은 이웃이 되게 만드는 것! 호감과 존경이 그것이다.

호감과 존중은 좋은 관계를 만드는 바탕이다. 상대가 자신을 인정하고 좋게 생각하고 있다는 것을 알면, 대화가 약간 껄끄럽게 진행되어도 불쾌한 느낌 없이 감수할 수 있다. 하지만 호감과 존중이 결여된 관계에서는 쉽게 눈썹이 치켜 올라가고, 입 꼬리가 아래로 처지며, 만회의 여지가 없다. 우정이나 파트너십, 좋은 협업이 유지되려면 상호 인정과 존중이 있어야 하며, 위기 때에도 이것을 쉽사리 놓아버리지 않아야 한다.

이런 상호 존중이 무조건 말로 표현될 필요는 없다. 작은 제스처나 미소, 선입견 없는 관심, 한 잔의 차로도 표현될 수 있다. 그러나 그것은 언제나 우리의 마음에서 비롯된다. 자기 자신을 존중하는 것이 가장 바탕이다.

변화시킬 수 있는 부분도 있지만, 변화시킬 수 없는 부분도 있음을 받아들여야 한다. 변화시킬 수 있는 부분은 계속적으로 바꾸어가되, 바꿀 수 없는 것은 좋은 마음으로 받아들이길 바란다.

공격을 수포로 돌리는 법

◦ 무례한 말은 무시해버려라 ◦

상대가 당신에게 직접 대고 말하지 않는 이상, 무례한 말에는 반응을 보일 필요가 없다. 지나가면서 누군가 멍청한 말을 하거든 한 귀로 듣고 한 귀로 흘려버리자. 곁다리로 빈정거리는 말을 해도 귀담아듣지 말자.

◦ 공격자에게 성공 경험을 허락하지 마라 ◦

이해하는 데는 지적인 작업이 동반된다. 어리석은 말에 당신의 지적 능력을 낭비하지 말자. 공격자의 말을 애써 이해하려고 애쓰지 말자.

◦ 예측 불가능하게 행동하라 ◦

계속해서 공격자의 예상에 어긋나는 반응을 보임으로써 공격자를 헷갈리게 하자. 빈정거리는 말에 감사를 하며 공격자에게 한마디 더 해달라고 부탁하자. 침묵을 지키며 들은 말을 메모하거나, 시계를 보며 공격자에게 잘못된 시간을 알려줄 수도 있다.

◦ 부정적인 꼬리표에 감사하라 ◦

부정적인 꼬리표나 비하하는 말을 당신이 원하던 바로 바꿀 수 있다. 가령 "넌 이기적이야."라는 부정적인 언급에 대해 이렇게 세 문장으로 답할 수 있다. "그 점이 눈에 띄었다니 기뻐. 난 정말 이기적이 되려고 오랫동안 애써왔거든. 원한다면, 그 방법을 너한테도 알려줄게."

맺음말을 대신하여

별을 좇는 것은 삶과 사랑에 빠지는 일이다.
별을 이야기하는 사람들의 얼굴에는
생기와 활기가 넘친다.

이제 당신의 별을 따라

당신의 별은
어떤 모습인가

    책을 읽을 때 서문이나 맺음말을 읽지 않고 대충 넘기는 사람들이 많다. 나 역시 그런 적이 많았다. 하지만 이 책의 맺음말에는 좀 색다른 내용을 담고자 한다. 부디 흥미를 가지고 마지막 한 자까지 놓치지 않고 읽어줬으면 좋겠다.

    여기서 다룰 주제는 바로 '별을 따는 것'이다. 지금은 모호하게 들릴 것이다. 그러나 타인과의 관계에서 상처받지 않는 능력을 키워주고 당신을 행복하게 만들어줄 내용임을 확신한다.

    별을 딴다고? 그게 무슨 말일까? 여기서 별을 딴다는 것은 쉽게

> 마음에 품어온 소망을 실현해나감으로써 상처받지 않는 능력을 더 키울 수 있다.

말하면 마음속에 품어온 소망을 이룬다는 말이다. 인생을 풍요롭게 해줄 꿈을 실현하는 것 말이다. 이런 꿈은 목표와는 조금 다르다. 목표를 세우고 달성하는 것은 별을 따는 것과는 약간 다르다.

목표는 실용적이고 유용한 것이다. 생존이나 삶의 의무와 직결되는 경우가 많다. 내가 만났던 의대생도 그랬다. 미래의 계획을 묻자 그는 의대 공부를 마치고, 병원에서 레지던트로 일한 다음 전문의를 따서 개업을 할 계획이라고 말했다. 그 모든 것은 목표이지 별은 아니다.

나는 그 차이를 말의 내용이 아니라 말하는 방식에서 알 수 있다. 목표를 이야기하는 사람은 담담하고 이성적으로 이야기를 한다. 그러나 별을 이야기할 때는 이야기를 하는 품새가 바뀐다. 얼굴이 환해지며 열정적으로 이야기를 하기 시작한다. 표정에 생기가 돌고 제스처도 더 적극적으로 한다.

위의 의대생이 나열한 것은 누군가에게는 별일 수도 있다. 그러나 그에게는 그렇지 않았다. 그래서 나는 의사가 되어 돈을 충분히 벌면 무엇을 하고 싶으냐고 물었다. 그러자 이제 그의 눈이 빛나기 시작했다. 그는 깊은 숨을 들이마시고 미소를 지으며 이야기를 했다.

"아, 제가 돈을 많이 벌면, 요트를 사서 카리브해를 횡단하고 싶어요."

그러면서 그는 카리브해의 멋진 해변과 바다, 바닷바람에 대해 눈을 빛내며 이야기를 했다. 그러더니 가방에서 요트 전문

목표는 삶을 살아가는 차원의 일이고, 별은 삶을 질적으로 새롭게 하는 차원의 것이다.

잡지를 하나 꺼내서 내게 보여주었다. 바람을 손에 맞으며 가르는 느낌이 얼마나 좋을까 하면서 말이다. 말하는 표정만 보아도 그것이 그가 마음으로 열망하는 소망임을 알 수 있었다. 그것이 그의 별이었다. 다른 것들은 생계를 유지하고, 별에 가까이 가도록 데려다주는 수단이었다. 나는 이야기를 들으며 그가 그 소망을 이룰 것을 의심치 않았다.

목표와 별의 차이는 감정에 있다. 목표는 머리와 이성이 정하는 것으로, 의식주를 해결하도록 도와준다. 의식주가 다 해결되면 우리는 또 다른 목표로 나아간다. 더 큰 집, 더 큰 땅, 더 고급진 음식…. 그러나 어느 순간 우리 영혼은 그것으로 만족하지 못한다. 영혼이 우리에게 동경을 속삭이기 시작한다. 다른 멋진 것이 있다고 말이다.

별은 깊은 동경에서 생겨난다. 더 나은, 또 다른 삶에 대한 동경에서 말이다. 별은 우리를 행복하게 한다. 아직 잡지 못하고, 생각만 하는데도 행복하다.

자신이 계획하는 일이 별인지, 목표인지 정확히 알지 못하겠다면 테스

우리의 별은 영혼 깊숙이 품고 있던 동경에서 나온다.

트를 해보자. 내가 당신과 마주 앉아 당신에게 앞으로의 계획을 말해달라고 부탁했다고 하자. 그 이야기를 하면서 당신의 눈이 빛나고 얼굴이 환해진다면, 그것은 별이다. 그렇지 않고 무엇을 이루고자 하는지 그냥 사무적으로 이야기한다면 그것은 목표다.

다시 한번 말하자면 목표는 어느 정도의 생활수준에 이르기 위해 중요하다. 하지만 또 다른 것이 있다. 그것은 깊은 내적 욕구에서 생겨나는 비전이다.

어떤 사람들은 아직 멀리 놓인 별에 도달하고자 하고, 어떤 사람들은 가까이에 있는 별을 잡고자 한다. 사람마다 원하는 별의 모습이 얼마나 다른지 나는 늘 놀라곤 한다.

어떤 사람의 별은 추리소설을 쓰는 것이고, 어떤 사람의 별은 피아노를 배워 그럴듯한 곡을 한번 연주하는 것이다. 1년간 인도 여행을 하는 것이 꿈인 사람도 있고, 자신의 옷을 직접 만들거나 자녀를 갖는 것이 꿈인 사람도 있다. 양봉을 하는 것, 혹은 주거용 보트에서 살아보는 것이 꿈인 사람도 있을 것이다. 집과 주식을 팔아 아일랜드에서 양을 치며 사는 것이 꿈인 사람도 봤다.

별은 행복하게 한다. 그 일이 이루어졌을 때 어떤 삶이 기다리고 있을까 상상만 해도 이미 행복해진다.

이 모든 다양한 계획에서 이것이 과연 별인지를 분간할 수 있는 유일한 표지는 이런 계획을 생각할 때 당사자가 느끼는 행복감이다.

끊임없이 문젯거리들만 생각하지 말고, 마음속 깊은 곳에서 타오르는 동경을 좇아라.

별이 없는 삶은 황량하다. 의식주가 문제없이 해결되어 그럭저럭 만족하고 산다 해도, 뭐랄까, 행복감은 결여된다. 우리는 대부분 그 이유를 여러 가지 문제들 탓으로 돌린다. "이 문제만 해결된다면 정말 행복할 텐데."라고 한다. 하지만 문제들은 고질적이다. 한 가지 문제를 해결하면 두 가지 새로운 문제가 생기곤 한다. 그러므로 행복해지는 것을 포기해야 할까? 나는 그렇게 생각하지 않는다.

별을 좇으면 행복은 저절로 생겨난다. 계속해서 문젯거리들만 생각하지 말고, 마음속 깊은 곳에서 이글거리는 동경을 좇아가라. 우리 눈을 반짝이게 하는 것, 우리가 흠모하고 간절히 바라는 것을 말이다.

당신 영혼 깊은 곳에는 어떤 동경이 있는가? 마음 깊이 경험하고 싶은 것은 무엇인가? 어떤 존재가 되고 싶은가? 여기까지의 맺음말을 읽으면서 이미 자신의 별이 어떤 모습인지 떠올렸을지도 모르겠다. 그렇다면 이번 단락은 건너뛰어도 좋다. 이번 단락에서는 자신의 별이 어떤 것인지 가늠해보려 하기 때문이다.

당신의 별이 어떤 모습일지 잘 모르겠거나 모호한 감만 있별을 이미지화하는 것이 중요하다.
별을 비전으로 품자.

다면, 다음에서 제시되는 지침을 읽어본 뒤 여유를 가지고 생각해보길 바란다. 별을 찾기까지 한참 걸릴 수도 있다. 주말을 보내면서, 혹은 휴가 중 하루를 비워 생각해야 할 수도 있다. 긴장을 풀고 혼자 시간을 보내면서 찾아보자. 소파에 눕거나 나무 그늘 아래 앉아도 좋다. 편안한 상태로 모든 놀라운 것에 마음을 열어보자.

| 별을 찾기 |

마술로 당신의 삶을 100퍼센트 바람직한 상태로 만들 수 있다고 해보자. 모든 면에서 두루두루 이상적인 삶을 한번 상상해보자. 그것은 어떤 삶일까? 이런 삶을 상상하는 데 시간을 내보길 바란다. 원하는 것을 얻을 가능성이 커지기 때문이다.

로또 1등에 당첨되기를 원한다고? 그런 바람은 충분히 구체적이지 않다. 당신이 바라는 일상은 어떤 모습일까? 매일의 삶, 매달의 삶, 바라는 삶을 가능하면 구체적으로 상상해보길 바란다. 당신은 어떤 옷을 입고 다닐까? 주변에는 어떤 사람들이 있을까? 온종일 무엇을 할까? 무엇을 먹고, 어디에 살까? 창밖에

는 어떤 풍경이 펼쳐질까? 이렇게 상상한 삶에 잠시 머물러보자. 방금 상상한 것 중

별을 구성하는 것이 무엇일까? 별은 뜨거운 열망, 절박함, 용기 있는 사랑으로 이루어진다.

어떤 부분에 가장 큰 열망이 느껴지는가? 다른 활동을 하는 것? 다른 곳에 사는 것? 다른 사람들을 만나고, 다른 관계를 맺는 것? 가장 원하는 것이 무엇인가? 현실이 되면 어떤 면이 가장 멋질까?

무엇을 가장 원하는지 선별해보자. 멋지면서도 실현 가능하다고 생각되는 것이 무엇인가?(단계적으로라도 말이다.) 무엇을 위해 시간과 에너지를 들일 준비가 되어 있는가? 별을 최대한 구체적으로 그려보고, 여러 가능성을 모색해보자.

당신의 별이 호숫가의 통나무집에서 사는 것이라고 해보자. 좋다. 그 집은 어떤 모습인가? 얼마나 큰가? 인테리어는 어떤가? 정확히 어디에 위치해 있는가? 눈에 그리는 호수는 어떤 모습인가? 호수는 집에 면해 있는가, 아니면 멀찌감치 떨어져 있는가? 당신은 그곳에서 수영을 하고 싶은가, 낚시를 하고 싶은가, 배를 타고 싶은가? 주변 풍경은 어떤 모습인가? 이웃집들은 어디에 있는가?

상상력을 연마하라. 마음속으로 별을 더 생생하게 보고, 느끼고, 듣고, 냄새 맡고, 맛볼수록, 별에 이르는 길을 발견하기가 더 쉽다.

단 하나 확실한 것은 모든 것은
변한다는 사실이다.
모든 순간을 바라던 쪽으로 변화시킬
기회로 삼을 수 있다.

이런 것들을 상세하게 그려보고, 생각 속에서 다양한 능성들을 시험해보자. 여러 측면에서 별이 반짝이도록 해보자. 너무 섣불리 "내가 이 모든 것을 어떻게 이룰 수 있단 말이야?"라는 질문으로 넘어가지 말자. 우선은 당신의 별을 자세히 알고 친해지도록 하자. 별을 자신 안에 온전히 받아들이면 별에 이르는 방법을 더 쉽게 발견할 수 있을 것이다.

진심으로 바라는 것은
이루어진다

많은 사람들이 도저히 이룰 수 없는 꿈으로 치부해 별을 한켠으로 치워버리는 것은 안타까운 일이다. 그럼에도 사람들은 꿈꾸는 걸 중단하지 않는다. 별을 떨쳐내지 못한다.

늘 별을 염두에 두고 살다 보면 그것에 도달할 수 있는 통찰들이 주어진다. 당신에게 빛나는 별이 있다면 이런 별을 따올 만큼의 힘도 생긴다. 이 사실을 100퍼센트 확신해도 좋다.

여기에 별을 따는 것이 더 이상 불가능하게 느껴지지 않을 만큼 별을 더 가까이 가져오는 방법을 소개하겠다.

별에 이르는 계단이 있다고 상상해보자. 멀리 있는 별까지는 계단이 높을 것이고, 가까이 있는 별은 계단이 낮을 것이다.

빛나는 별을 갖게 되면
그것에 도달할 힘도 생긴다.

자, 이제 당신은 발을 접질리거나 여러 계단을 한꺼번에 뛰어오르지 않고 한 계단, 한 계단 별에 다가가면 된다. 자신에게 맞는 편안한 속도로 말이다.

로시가 떠오른다. 로시는 처음에 별에 도달할 수 없다고 믿었다. 내가 로시를 처음 만났을 때 그녀는 45세였고, 경리로 일을 하고 있었다. 두 아들은 이미 성인이 되어 독립했고 남편과는 5년 전에 이혼하여 혼자 살고 있었다.

그녀는 내게 동료 및 상사와의 일련의 문제들을 상의해왔다. 보아하니 그녀는 악의 소굴에서 일하고 있었고, 나는 여러 대화 기법들을 소개하며 비인격적인 상태와 보호막을 활용하여 악의 소굴을 정화할 수 있도록 훈련시켰다. 이런 방법은 굉장히 효과가 있었고, 많은 것들이 변했다.

하지만 새로운 문제가 대두되었다. 회사가 구조 조정을 실시했고 경리부에 새로운 컴퓨터가 들어왔는데, 그것이 제대로 작동되지 않는 것이었다. 로시는 다시 난기류에 휘말렸다. 논쟁에 끼어들어 스스로의 생각을 관철시키긴 했지만 굉장히 불만족스런 마음으로 출근을 계속해야 했다. 어느 상담 시간에 그녀는 내게 말했다.

"직장을 그만두어야 할 것 같아요. 계속되는 갈등 때문이 아니라 새로운 것을 하고 싶어요. 나는 20년 이상을 경리로 일해

왔어요. 하지만 이젠 뭔가 다른 일을 해보고 싶어요.”

그렇다. 로시는 이제 하늘에서 별을 딸 시간이었다. 나는 그 녀에게 무슨 일을 하고 싶은지, 평소 동경해온 일이 있는지 물었다. 그러자 로시는 당황한 표정으로 “그건 경리와는 완전히 다른 것이에요.”라고 대답했다. 나는 뭔지 말해달라며 로시를 독려했다. 로시는 이렇게 털어놓았다.

“나는 사실 시골에 살면서 수의사로 일하는 게 꿈이었어요. 오래된 농가에서 돼지, 거위를 기르며, 주변 농가의 아픈 동물들을 치료하고 싶어요.”

그 말을 하면서 로시의 표정이 환해졌다. 나는 로시더러 더 구체적으로 상상해보라고 독려했고, 로시는 이야기를 계속하며 점점 생동감 넘치는 표정이 되었다. 하지만 마지막에는 다시 풀 죽은 목소리로 이렇게 말했다.

“하지만 그게 어떻게 가능하겠어요. 수의사가 되려면 수의학을 공부해야 하는데, 나는 대입 자격 시험도 한번 치러본 일이 없는걸요. 게다가 나이는 또 좀 많은가요. 대입 시험을 치르고 대학 공부까지 마치려면 얼마나 오래 걸리는데요. 게다가 모아놓은 돈이 약간 있지만, 농가를 살 만큼은 되지 않아요. 꿈은 그냥 꿈인 거죠.”

하지만 나는 그렇게 생각하지 않았다. 별을 품은 사람은 그것을 실현할 힘도 있다. 때로 우리는 별에 ‘불가능’이라는 꼬리표를 붙인다. 호기심을 차단해버리고, 가능한 방법과 길을 모색하지 않는다. 로시도 그렇게 시작해보기도 전에 포기하려 했다.

상황이 모든 것을 결정한다고 확신하는 사람들이 있다. 무엇을 이룰 수 있고, 이룰 수 없는지를 상황이 결정한다고 보는 것이다. 자신이 원하는 바를 이루지 못한 사람들이 주로 이런 시각을 가지고 있다. 그들은 주변 상황이 소망을 이루는 것을 방해한다고 주장한다. 하지만 같은 상황에서 소망을 이룬 사람들도 많다.

_로베르트 프리츠Robert Fritz

개들은 짖어대지만
행렬은 계속 전진한다 _____

'내 형편에 별을 딴다고? 어림도 없어!'라는 생각이
든다면, 당신은 현재 안 되는 것에만 시선을 고정시키고 있는
게 분명하다. 그런 생각을 막다른 골목에서 끄집어내자. 여기
몇 가지 팁이 있다.

| **별에 가까이 다가가기** |

모든 별 뒤에는 특정한 생의 감정이 도사리고 있고, 사람들은
별을 통해 이런 생의 감정에 이르고자 한다. 우리는 생의 감정

을 불러일으키는 이미지를 만들어낸다. 우리로 하여금 특정한 진로나 상황을 선택하도록 하는 것도 바로 이런 이미지들이다. 소박한 시골 농가에서 돼지나 거위를 기르고, 수의사로 살길 바라던 로시처럼 말이다.

당신의 별은 어떤 생의 감정과 연결되어 있는가를 묻고 이런 감미로운 감정에 한번 푹 잠겨보길 바란다. 꿈이 실현되면 어떤 느낌일지 상상해보자. 그러고는 다른 길이나 다른 상황을 통해서도 이런 생의 감정에 도달할 수 있을지 한번 자문해보자. 상상력을 맘껏 발휘해보길 바란다.

아무것도 떠오르지 않는다 해도 괜찮다. 이 세상에는 참으로 다양한 것들이 있는데, 당신에게 맞는 것들이 무엇인지 정보가 부족한 것일 수도 있다. 호기심을 잃지 말고 새로운 정보나 생각에 열려 있길 바란다.

로시는 결국 '불가능하다고 생각했던' 별을 딸 수 있었다. 다른 길로도 별에 도달할 수 있다는 나의 이야기에 여러 가지 가능성에 마음을 열었지만, 처음에는 어떤 길이 있을지 전혀 알지 못했다.

뜻밖의 가능성에 마음을 열어라. "이렇게만 되고, 다르게는 안 돼."라는 생각으로 괜히 힘들어할 필요가 없다.

무언가 마음으로 원하긴 하는데 어떻게 도달할 수 있을지는 모르

는 상태, 이런 상태를 나는 '미지의 댄스'라고 부른다. 로시는
어떻게 계속될지 알지 못한 채 '미지의 댄스'를 추었다.

그러고 나서 운명의 여신이 그녀에게 도움을 주었다. 로시
는 회사에서 보내주는 컴퓨터 프로그램 연수에 참여하여 우연
히 친구 한 사람을 사귀게 되었다. 그 친구가 얼마 전 시골에
주말 주택을 구입했다고 해서, 로시는 거기에 커다란 호기심
을 보였다. 친구가 구입한 시골집은 굉장히 컸고, 서로 더 가까
워지자 그 친구는 로시가 주말과 휴가 때 묵을 수 있도록 다락
방을 빌려주기로 했다.

그런 다음 또 하나의 우연이 찾아왔다. 슈퍼마켓의 잡지 매
대에서 로시가 잡지 하나를 들추고 있는데, 그곳에 동물들을
위한 민간 치료 기술을 소개하는 기사가 실려 있었다. 로시는
당장 그 잡지를 구입했고, 이리저리 적극적으로 문의한 결과
민간 치료 기술을 배워 동물 치료사로 활동할 수 있다는 것을
알게 되었다.

그녀는 모아놓았던 돈으로 민간 치료 기술을 배우러 다니
기 시작했고, 나중에 애완동물과 가축을 위한 치료 기술도 추
가로 배웠다. 그러고는 우선 직장을 파트타임으로 바꾸어 경
리일을 하면서 나머지 시간을 동물 민간 치료사로 활동하기
시작했다.

그렇게 처음에는 부업으로 동물들을 돕는 활동을 하다가

나중에는 용기를 내어 회사를 그만두고 독립을 결정했다. 그리고 다락방을 빌려 썼던 집이 위치한 마을의 오래되고 작은 집을 임대해 들어갔다.

이사를 들어갈 때 이웃이 거위 두 마리를 선물로 주었다. 아직은 동물들과 함께하는 오래된 농가까지는 아니었지만, 방향은 대략 맞았고, 그녀는 그 마을에서 민간 치료사로 활동을 시작했다. 어느 날 엽서에 그녀는 이렇게 적어보냈다.

"아직은 모든 것이 내가 임대해 들어온 이 집처럼 삐걱거려요. 그 밖에 재정도 좀 보충되어야 하고요."

그녀에게 들은 마지막 소식은 재정적으로 점점 더 나아지고 있으며, 농가 주민들을 대상으로 간단한 가축 치료는 스스로 해결할 수 있도록 수업을 할까 생각 중이라는 것이었다.

별에 이르는 계단에서 별에 한 걸음 더 다가가기 위해 다음으로 어떤 걸음을 걸어야 할지 분간할 수 없을지도 모른다. 그럴 때는 한동안 미지의 댄스를 추자.

반짝이는 별을 좇는 한, 우연이 당신을 발견할 것이다. 도움이 되는 사람들을 만날 것이고, 당신의 앞길을 인도해주는 유익한 정보를 얻게 될 것이다. 별이 생의 감정으로서 우리 안에 살아 있는 한, 우리는 그 감정을 마음속의 위성 안테나처럼 활

자잘한 일상의 쳇바퀴에 그냥 휩쓸려 살지 말고, 당신을 별에 한 걸음이라도 더 데려다주는 것에 집중하라.

용할 수 있다. 그리하여 적
절한 프로그램을 받아들
이고, 우리에게 유익한 것
을 자석처럼 가깝게 끌어
당길 수 있다.

> 별을 통해 상처를 받지 않는
> 능력을 키울 수 있다.
> 원하는 것에 집중하면,
> 짖는 개들은 간단히 무시할 수 있다.

그러므로 우연에 기회를 주길 바란다. 정보를 수집하고, 밖으로 나가서 다른 사람들과 대화를 하자. 하지만 공든 탑을 무너뜨리는 사람은 멀리해야 한다.

이제 여러분은 별을 좇는 것과 상처받지 않는 능력이 밀접하게 연결되어 있다는 사실을 짐작하고 있을 것이다. 행복하게 만드는 것에 집중하다 보면 쉽사리 상처받거나 예민해지지 않는다.

개는 짖어도 대상 행렬(낙타 행렬)은 계속 전진한다는 속담이 있다. 귀중한 별을 가져오기 위해 아침에 오아시스를 출발하는 대상 행렬을 떠올려보자. 낙타가 움직이기 시작하면 개들이 흥분해서 마구 짖어댈 것이다. 하지만 그렇다고 짖어대는 개들 때문에 행렬이 멈출까? 물론 그렇지 않다. 개들은 짖어대지만 행렬은 계속 전진한다.

누군가 당신에게 짖어대고, 으르렁거리고, 물겠다고 위협할 때 당신이 별을 좇고 있음을 기억해야 한다. 별이 허락하는 감정을 상기하며 짖는 개들을 뒤로하자. 진정으로 원하는 것으로 다가가자. 당신이 충만한 만족감과 빛나는 시간을 누리기를 간절히 바란다.

별을 따면 어떨까? 고요히 그것을 누릴 수 있을까? 성대한 파티를 할까? 아침 햇살을 받으며 춤을 출까? 생크림 케이크를 무제한으로 먹을 수 있을까? 무엇을 원하든지 이미 도달해서 당신이 품은 것들을 충분히 향유하길 바란다. 그것들은 이미 당신의 것이 되었다.

- Berckhan, Barbara: *Die etwas gelassenere Art, sich durchzusetzen. Ein Selbstbehauptungstraining für Frauen.* München, 16. Aufl. 2000

- Berckhan, Barbara: *Die etwas intelligentere Art, sich gegen dumme Sprüche zu wehren. Selbstverteidigung mit Worten. Ein Trainingsprogramm.* München, 14. Aufl. 2000

- Berckhan, Barbara/Krause, Carola/Röder, Ulrike: *Die erfolgreichere Art (auch Männer) zu überzeugen.* München 1999

- Carlson, Richard/Bailey, Joseph: *Reg dich nicht auf.* München 1999

- Dae Poep Sa Nim: *Der Duft der Lotusblüte. Mitten im Alltag zu innerer Freiheit finden.* München 1999

- Dalai Lama: *Die Freude, friedvoll zu leben und zu sterben. Zentrale tibetisch-buddhistische Lehren.* München 1998

- Dalai Lama: *Der Friede beginnt in dir. Wie innere Haltung nach außen wirkt.* Freiburg, Basel, Wien 1999

- Deissler, Klaus C.: *Sich selbst erfinden? Von systemischen Interventionen zu selbstreflexiven therapeutischen Gesprächen.* Münster, New York, München, Berlin 1997

- De Jong, Peter/Berg, Insoo Kim: *Lösungen (er-)finden. Das Werkstattbuch der lösungsorientierten Kurztherapie.* Dortmund, 2.

Aufl. 1999
- Dulabaum, Nina L.: Mediation: *Das ABC. Die Kunst, in Konflikten erfolgreich zu vermitteln.* Weinheim und Basel, 2. Aufl. 2000

- Field, Lynda: *Der Weg zu gutem Selbstwertgefühl. Eine Anleitung zu persönlichem Wachstum.* Paderborn 1998
- Ford, Debbie: *Die dunkle Seite der Lichtjäger. Kreativität und positive Energie durch die Arbeit am eigenen Schatten.* München 1999
- Forward, Susan/Frazier, Donna: *Emotionale Erpressung. Wenn andere mit Gefühlen drohen.* München 1998
- Fritz, Robert: *Der Weg des geringsten Widerstandes. Lebensplanung mit NLP.* München 1997
- Fritz, Robert: *Creating. A guide to the creative process.* New York 1993

- Gilligan, Stephen G.: *Liebe dich selbst wie deinen Nächsten. Die Psychotherapie der Selbstbeziehung.* Heidelberg 1999
- Glasl, Friedrich: *Selbsthilfe in Konflikten. Konzepte—Übungen— Praktische Methoden.* Stuttgart 1998

- Hall, Michael L.: *Der Sieg über den Drachen-Königswege zum*

Selbstmanagement. Das Handbuch zum Meta—Stating. Angewandtes NLP. Paderborn 1999

- Juli, Dietmar/Schulz, Angelika: *Stressverhalten ändern lernen. Vorbeugung und Hilfe bei psychosomatischen Störungen und Krankheiten.* Reinbek bei Hamburg 1998

- Kästele, Gina: *Umarme deine Angst. Neun Helfer zur Verwandlung von Hilflosigkeit und Angst–das praktische Selbsthilfeprogramm.* Freiburg, 5. Aufl. 1999
- Königswieser, Roswita/Exner, Alexander: *Systemische Intervention. Architekturen und Designs für Berater und Veränderungsmanager.* Stuttgart, 4. Aufl. 1999
  Krishnamurti, Jiddu: *Der unhörbare Ton. Briefe über die Achtsamkeit.* München 1993
- Kundtz, David: *Stopping. Anhalten zum Durchhalten.* Stuttgart 1999

- Lama Zopa Rinpoche: *Probleme umwandeln. Wie du glücklich sein kannst, wenn du es nicht bist.* München, 2. Aufl. 1997
- Massow, Martin: *Gute Arbeit braucht ihre Zeit. Die Entdeckung der*

kreativen Langsamkeit. München 1999

- O'Connor, Joseph/McDermott, Ian: *Die Lösung lauert überall. Systemisches Denken verstehen und nutzen.* Kirchzarten bei Freiburg 1998

- Peters, Tom: *Der Innovationskreis. Ohne Wandel kein Wachstum–wer abbaut, verliert.* Düsseldorf und München 1998
- Peurifoy, Reneau Z.: *Angst, Panik und Phobien. Ein Selbsthilfe-Programm.* Bern 1993
- Phillips, Maya/Comfort, Max: *Das A bis Zen für ein erfülltes Leben. Emotional Mapping–der direkte Weg zur Steigerung Ihrer emotionalen Intelligenz.* Reinbek bei Hamburg 1998
- Phillips, Nicola: *Reality hacking. Unusual Ideas and Provocations for Reinventing your Work.* Oxford 1997
- Poonja, H. W.: *Der Gesang des Seins.* München 1997

- Redlich, Alexander/Elling, Jens R.: *Potential: Konflikte. Ein Seminarkonzept zur Konflikt-Moderation und Mediation für Trainer und Lerngruppen. Mit Übungsmaterial und 10 Fallbeispielen.* Hamburg 2000

- Satir, Virginia: *Kommunikation, Selbstwert, Kongruenz. Konzepte und Perspektiven familientherapeutischer Praxis.* Paderborn 1990
- Schulz von Thun, Friedemann: *Miteinander reden 3. Das 'Innere Team' und situationsgerechte Kommunikation.* Reinbek bei Hamburg 1998
- Selby, John: *Arbeiten ohne auszubrennen. Spirituelle Techniken für den Berufsalltag.* München 1999
- Segal, Jeanne: *Fühlen will gelernt sein. Ein Praxisbuch zur Entwicklung emotionaler Intelligenz.* München 1997
- Stone, Hal und Sidra: *Du bist richtig. Mit der Voice-Dialogue-Methode den inneren Kritiker zum Freund gewinnen.* München 1996

- Wilson, Paul: *Wege zur Ruhe. 100 Tricks und Techniken zur schnellen Entspannung.* Reinbek bei Hamburg 1996
- Wittemann, Artho: *Die Intelligenz der Psyche. Wie wir ihrer verborgenen Ordnung auf die Spur kommen.* München 2000

나는 상처받지 않습니다

초판 1쇄 인쇄 2021년 11월 15일
초판 1쇄 발행 2021년 11월 23일

지은이　　바바라 베르크한
옮긴이　　유영미
펴낸이　　한순 이희섭
펴낸곳　　㈜도서출판 나무생각
편집　　　양미애 백모란
디자인　　박민선
마케팅　　이재석
출판등록　1999년 8월 19일 제1999-000112호
주소　　　서울특별시 마포구 월드컵로 70-4(서교동) 1F
전화　　　02)334-3339, 3308, 3361
팩스　　　02)334-3318
이메일　　tree3339@hanmail.net
홈페이지　www.namubook.co.kr
블로그　　blog.naver.com/tree3339

ISBN 979-11-6218-177-5 03180